Je suis la femme
la plus heureuse du monde

Sœur Emmanuelle

Je suis la femme la plus heureuse du monde

Entretiens avec Angela Silvestrini

Traduit de l'italien par Sylvie Garoche

P*arole et* **S***ilence*

Titre original :
Suor Emmanuelle
« Sono una delle donne più felici della terra »
Colloqui con Angela Silvestrini

ISBN : 978-2-88918-178-0

Introduction

J'ai connu personnellement Sœur Emmanuelle à l'occasion de l'une des premières prières pour la paix organisée par la Communauté de Sant'Egidio. C'était en 1996, à Rome. Je savais qui elle était, j'avais lu des choses à son sujet, et je gardais encore en moi la vive impression que m'avait procurée son intervention lors de la cérémonie de clôture à Assise en 1996, lorsque je participai pour la première fois aux rencontres internationales pour la paix, organisées par la Communauté dans le sillage du rendez-vous historique d'Assise de 1986, voulu par Jean-Paul II.

Dès cette époque, ces rencontres devinrent pour elle incontournables. C'est en ces occasions que j'ai pu la côtoyer, faire sa connaissance et vivre ces journées avec sa respiration et sa passion. Ambassadrice infatigable de la paix en de nombreux pays, elle saisissait toujours l'opportunité de tisser et de renforcer les liens d'amitié, de rendre visite à quelqu'un, de découvrir l'endroit où il vivait.

Quand je l'ai connue, Sœur Emmanuelle avait « à peine » quatre-vingt-huit ans et jouissait d'une bonne santé. Malgré une grippe qu'elle avait attrapée lors de la rencontre à Rome, elle ne ratait pas une seule table ronde. « Je ne suis pas venue à Rome pour dormir et m'enfermer dans ma chambre », me dit-elle sur le seuil de la maison mère de sa congrégation, où elle logeait durant son séjour, en renvoyant chez lui, tout en le remerciant avec un grand sourire, le médecin qui m'avait accompagnée.

Lorsqu'on l'approchait, même quelques instants seulement, on était frappé par sa courtoisie, sa gentillesse, je dirais même son amabilité, ainsi que par l'attention et le soin qu'elle mettait à chaque rencontre, la chaleur avec laquelle elle se souvenait des personnes et la curiosité qu'elle manifestait pour les gens, leurs comportements et les lieux où ils se trouvaient, même à l'occasion de brefs séjours.

Elle aimait rencontrer, comprendre, goûter la compagnie des hommes et de Dieu. Elle ne voulait pas perdre une seule minute ni laisser passer aucune opportunité. Lors de ses déplacements en voiture, elle priait souvent ; pendant les réceptions, elle choisissait avec soin ses voisins afin de lier de nouvelles connaissances ou de consolider ses propres amitiés ; durant les conférences, elle prenait des rendez-vous, interrogeait, intervenait, partageant son propre témoignage. Elle n'appréciait pas les conversations futiles et ne craignait pas d'user de son franc-parler, en posant des questions personnelles qui « dévoilaient » ses interlocuteurs sans trop de considération. Elle reconnaissait les avantages que procure la vieillesse : pouvoir s'asseoir à côté d'un homme, fût-il un leader musulman, et lui parler franchement, comme avec un fils ou un neveu.

Son témoignage était toujours fort, joyeux : « Je suis une des femmes les plus heureuses de la terre », aimait-elle répéter, et l'on sentait que ce n'était pas juste une façon de parler, une phrase toute faite, mais que c'était la réalité de son quotidien.

Son caractère vrai et concret, sa passion pour la vie et la justice, la force de son témoignage, si efficace et attirant, ont fait d'elle l'une des femmes les plus célèbres de France.

De nombreuses personnes s'adressaient à elle, lui écrivaient, l'arrêtaient dans la rue. Assise en voiture, la fenêtre ouverte pour mieux respirer, elle saluait d'un sourire tous ceux qui s'approchaient d'elle en profitant d'un feu rouge. À la table d'un restaurant, en attendant son repas, elle écrivait un petit mot à la grand-mère du serveur, qui fêtait bientôt son anniversaire, et elle écoutait ceux qui lui demandaient de prier pour leur santé ou pour surmonter un moment difficile. Elle n'était pas aimée qu'en France, les amis de la Communauté de Sant'Egidio l'appréciaient aussi beaucoup et ses conférences faisaient salle comble.

Ce livre est un cadeau offert à la Communauté, un témoignage de tant de moments vécus ensemble, à travers une série d'interviews réalisées entre 2004 et 2006. Sœur Emmanuelle avait déjà dédié un chapitre à la Communauté dans son livre *« Yalla » : en avant les jeunes !*[1], où elle retraçait son histoire, en se souvenant de ce que lui avait confié Andrea Riccardi.

Ceux qui ont déjà lu ses livres, ou qui ont eu l'occasion de l'écouter, retrouveront ici quelques anecdotes et quelques faits bien connus de sa vie ainsi que de celle des chiffonniers qu'elle a tant aimés et qu'elle a côtoyés durant les « vingt-deux plus belles années de [son] existence », comme elle aimait le dire. Mais ils la découvriront aussi sous un nouveau jour, à travers son lien avec la Communauté de Sant'Egidio et ses interventions pour la paix. Quant à ceux qui la rencontrent pour la première fois, ils pourront saisir quelques traits de sa vie et de sa personne, et se reporter, pour approfondir leur connaissance, à nombre de ses livres, et en particulier à son œuvre posthume, *Les confessions d'une religieuse*[2].

En plus des rencontres à l'occasion des prières pour la paix, Sœur Emmanuelle avait rendu visite à la Communauté à Rome et à Bruxelles ; elle pouvait ainsi prendre directement connaissance de son service auprès des pauvres et participer à la prière du soir.

Sa visite à Rome pour rencontrer le pape Jean-Paul II, à l'occasion de son quatre-vingt-dixième anniversaire, fut un événement particulier.

---

1. Sœur Emmanuelle, Françoise Huart, *« Yalla » : en avant les jeunes !* Paris, Calmann-Lévy, 1997.
2. Sœur Emmanuelle, *Les confessions d'une religieuse,* Paris, Flammarion, 2008.

Nous avions demandé à ce qu'elle puisse participer à la messe matinale du Saint-Père, dans sa chapelle privée, au terme de laquelle il avait l'habitude de saluer les personnes présentes. Nous attendions l'appel téléphonique qui nous informerait de la date de la rencontre, laquelle ne pouvait être fixée trop à l'avance compte tenu de l'état de santé déjà précaire du pape. Le coup de fil eut lieu l'après-midi précédant le rendez-vous, vers quatorze heures. Sœur Emmanuelle se trouvait à Callian, où elle vivait, à environ une heure de Nice. J'étais très préoccupée, me demandant s'il serait possible de la faire arriver à temps ; c'est que je ne la connaissais pas encore assez bien… Je parvins tout de suite à la joindre : « Il est deux heures et demie, me dit-elle. Donne-moi un peu de temps pour trouver quelqu'un qui puisse m'accompagner à l'aéroport. Il faut compter une heure pour y arriver… Disons que je devrais pouvoir partir vers quatre heures ! »

Elle arriva à Rome avant le soir et y resta quelques jours. Elle rencontra le pape, visita quelques services aux pauvres de la Communauté, prononça un discours pendant la prière du soir à Sainte-Marie-du-Trastevere et, à la fin de la fête organisée par Sant'Egidio pour son anniversaire, elle nous dit qu'elle ne pouvait accepter notre cadeau, parce qu'il était trop beau. Il s'agissait d'un manteau neuf, qu'elle voulait envoyer aux sœurs de sa congrégation en Roumanie, lesquelles avaient certainement plus froid qu'elle qui vivait dans le doux climat de l'arrière-pays niçois.

Les sœurs de Notre-Dame de Sion étaient en effet revenues en Roumanie après une longue absence, due aux dures années du communisme, durant lesquelles beaucoup d'entre elles avaient vécu en cachette leur fidélité aux vœux qu'elles avaient prononcés. Sœur Emmanuelle en avait connu quelques-unes avant que le rideau de fer ne tombe sur ce pays et elle les avait gardées dans son cœur pendant de nombreuses années. C'est ainsi qu'à l'occasion de la prière pour la paix qui se déroula à Bucarest en 1998, elle décida de s'arrêter quelques jours pour rencontrer les sœurs âgées de sa congrégation. Sa visite commença par Bacău, pour rencontrer la nièce d'une de ses consœurs qui vivait avec elle à Callian, et se termina par Iaşi, où la congrégation possédait un noviciat. Mais l'étape la plus importante fut sans aucun doute celle de Roman, où vivaient les sœurs âgées. Elle les remercia pour l'exemple qu'elles avaient donné durant les années du communisme : bien que dispersées, elles avaient maintenu leur foi et leur promesse. Elle leur dit l'admiration des autres consœurs pour tout ce qu'elles avaient réussi à supporter et pour les souffrances endurées. Mais leur sacrifice n'avait pas été vain : s'il y avait aujourd'hui des novices en Roumanie, c'était grâce à elles, à leur foi, à leur prière. Elle leur parla des journées de prière interreligieuse à Bucarest et leur demanda de prier pour l'unité entre catholiques et orthodoxes et pour les enfants du Soudan. Dieu écouterait particulièrement leurs prières, comme celles de leurs consœurs de Callian. Enfin, émues et heureuses, elles se donnèrent rendez-vous au Ciel, où elles pourraient s'embrasser à nouveau et pour toujours. Même si Sœur Emmanuelle n'avait aucune charge importante dans sa congrégation, son voyage était bien plus qu'une visite pastorale et elle sut transmettre aux sœurs âgées, comme aux novices, la proximité et l'amour qu'elle avait pour elles et pour la congrégation, dont elle n'avait jamais voulu s'éloigner, malgré la différence de son choix de vie dans les bidonvilles.

Angela Silvestrini

*

Professionnelle dans le domaine social, Angela Silvestrini est membre de la Communauté de Sant'Egidio, créée à Rome en 1968, au lendemain du Concile Vatican II, à l'initiative d'Andrea Riccardi, alors lycéen. C'est aujourd'hui un mouvement de laïcs auquel participent plus de 50 000 personnes, investies dans l'évangélisation et dans la charité à Rome, en Italie, et dans plus de soixante-dix pays.

Les différentes communautés, répandues dans le monde, partagent la même spiritualité et les fondements qui caractérisent le chemin de Sant'Egidio : la prière, la communication de l'Évangile, la solidarité avec les pauvres, l'œcuménisme, le dialogue.

La Communauté a son centre dans l'église romaine de Sant'Egidio, dont elle a pris le nom, dans le quartier de Trastevere. Elle assure depuis ses débuts une présence continue de prière et d'accueil aux pauvres et aux pèlerins.

www.santegidio.org

Je remercie Andrea Riccardi pour son soutien,
ses encouragements et les précieux conseils
avec lesquels il a accompagné mon travail.

Angela Silvestrini

Première partie

Entretiens

I

Les pauvres

C'est certainement grâce à la vie qu'elle a menée dans les bidonvilles des chiffonniers du Caire que Sœur Emmanuelle est connue dans le monde entier. On l'appelait même la « Mère Teresa du Caire ». Mais elle répondait, très simplement : « Mère Teresa, c'était bien autre chose. Moi je n'ai pas fondé d'ordre religieux, je n'en ai pas eu la force ; j'ai continué à vivre dans ma congrégation. J'avais besoin de continuer à vivre dans l'obéissance. » Pour elle, vivre dans l'obéissance a pourtant signifié : chercher quelle était sa propre route, ce que signifiait à ses yeux vivre l'amour de Dieu, comprendre ce qu'il lui demandait de faire. Son sens de la justice, sa sensibilité au mal et aux grandes injustices qui traversent le monde, nourris par la prière et l'eucharistie quotidienne, lui ont donné la force de persister dans son rêve de jeune fille : pouvoir partager la vie des pauvres, pour devenir, comme saint François, plus semblable au Christ.

Après quarante ans de vie religieuse, à l'âge de soixante-deux ans, elle s'établit dans les bidonvilles du Caire. C'est dans cette ville qu'elle avait vécu ses dernières années d'enseignement, dans l'une des meilleures écoles étrangères, tenues par la congrégation des religieuses de Notre-Dame de Sion et dans laquelle elle était entrée bien des années auparavant, en 1930. Son expérience nous enseigne qu'on ne parvient pas toujours à obtenir tout de suite ce que l'on désire, même s'il s'agit de choses bonnes. Il faut faire preuve de patience et continuer à lutter, s'évertuer à atteindre ce que l'on désire, ne pas laisser tomber.

Sœur Emmanuelle a vécu comme une pauvre parmi les pauvres pendant vingt-deux années – les « plus belles » de sa vie, comme elle aimait le répéter – et s'est battue pour améliorer leurs conditions de vie. L'obéissance l'a ramenée en France à l'âge de quatre-vingt-cinq ans, mais elle n'a jamais abandonné ses amis, ces pauvres, ces enfants qui lui ont « tout appris ». Elle a continué, pour eux, tant qu'elle a vécu, à travailler et à parcourir le monde, en cherchant des aides et des soutiens, afin que même après elle ils ne soient pas abandonnés, afin que quelqu'un se charge d'eux.

La vie avec les pauvres

Dès mon plus jeune âge, j'ai eu pour idéal de suivre le Christ, comme l'avait fait saint François, le pauvre de Dieu. Mais ce que je ne savais pas, lorsque j'ai choisi la vie religieuse, c'était que, même en faisant le vœu de pauvreté, je ne serais jamais réellement pauvre. C'est vrai que rien ne nous appartient en propre, rien ne devra jamais être à nous. Si la supérieure, par exemple, me demande le vêtement que je porte sur le dos pour le donner à une autre, je dois le lui remettre. Avant de faire notre premier vœu de pauvreté, nous devons rédiger un « testament » en indiquant à qui nous destinons les biens dont nous pourrions éventuellement hériter. C'est ce qui s'est passé, en effet, à la mort de ma mère, quand j'ai reçu une part de son héritage : j'ai signé, c'est tout, sans même savoir de quelle somme il s'agissait.

Ceux qui vivent dans un couvent ne souffrent pas de la pauvreté : les religieux sont logés dans de belles maisons, confortables et bien chauffées, ils portent des vêtements de bonne qualité et mangent de la bonne nourriture. Certes, rien ne nous appartient, nous pouvons être envoyés d'un bout à l'autre du monde et il nous faut obéir, mais nous n'en souffrons pas. Je n'avais jamais enduré le froid ni la faim, contrairement à tant de pauvres dans le monde. Quand j'étais une jeune novice, la responsable du noviciat vérifiait même que nous mangions suffisamment pour prendre des forces. Je ressentais l'injustice de mon privilège. Je vivais bien, à mon aise, dans une jolie chambre, bien nourrie et bien chauffée, à l'abri de tout danger, sans que rien ne me manque, alors que tant de gens, autour de moi, manquaient du nécessaire pour vivre.

J'ai alors demandé la permission de partager la vie des pauvres, jour et nuit, de partager leur nourriture, leurs difficultés quotidiennes. J'avais fait cette demande depuis longtemps, mais la Règle ne nous permettait pas de rester en dehors du couvent après le coucher du soleil. Cela n'est devenu possible qu'après le Concile Vatican II, quand les religieux et les religieuses ont obtenu la permission de dormir à l'extérieur du couvent. J'ai attendu quarante ans pour réaliser le rêve de ma vie : à soixante-deux ans, enfin, j'ai pu aller vivre avec les pauvres. J'ai vécu dans trois bidonvilles du Caire, pauvre parmi les pauvres, et cela a été merveilleux. J'habitais dans une petite baraque, construite à l'aide de vieux bidons de lait de trois mètres sur deux, avec un lit, une paillasse, une bassine et un broc sur une table de toilette, un tabouret et une vieille table branlante. C'était tout ce que j'avais. J'étais pauvre et je mangeais comme les pauvres, tous les jours des haricots et des fèves, ce qui coûte le moins cher. Ça n'est pas mauvais, on les assaisonne avec du sel et de l'huile et on les accompagne avec du pain. J'en ai mangé pendant des années et aujourd'hui j'ai quatre-vingt-seize ans. Si quelqu'un veut savoir comment dépasser les quatre-vingt-dix ans tout en restant en bonne santé, je lui conseille de manger des haricots. J'ai vécu pauvrement : il n'y avait ni l'eau courante ni l'électricité. J'allais acheter de l'eau. Je vivais dans la saleté comme les chiffonniers qui ramassent les poubelles récoltées dans les quartiers riches de la ville. Nous vivions au milieu des ordures, nous marchions sur les ordures, nous vivions grâce aux ordures.

Les chiffonniers revendent les habits et les vieux journaux, ils utilisent les restes de nourriture pour les cochons et, parfois, quand ils trouvent quelque chose de comestible, ils le mangent eux-mêmes. Leurs conditions de vie sont terribles. Pourtant, en vivant parmi eux et en partageant leur quotidien pendant vingt-deux ans, j'ai été l'une des femmes les plus heureuses de la terre. Parce que je vivais un peu comme saint François, à la suite du Christ, et, par conséquent, j'avais l'impression de parvenir un peu plus à ressembler au Christ. Mais il faut être aussi pauvre de cœur ; et là-bas, j'ai appris le sens de la pauvreté, du détachement des biens matériels, la signification de la maladie et de la mort. Ces années-là, j'ai appris le sens de la vie.

Nombreux sont les visages et les noms que je me remémore avec amour et que je porte dans mon cœur. Parmi eux, je me souviendrai toujours de Michael et de sa famille. Michael était un pauvre homme, un brave chiffonnier qui vivait dans une baraque avec sa femme et ses deux filles. Quand il est tombé malade, j'ai essayé de lui venir en aide, en appelant un médecin. Mais il n'y avait plus rien à faire pour lui. Je suis allée le voir, comme je le faisais avec bien d'autres malades. Étendu à terre, sur sa paillasse, il était entouré au moment de son agonie par sa femme et ses filles, assises auprès de lui. Avec un chiffon mouillé, de temps en temps, sa femme lui rafraîchissait le front. Ce pauvre moribond était tellement entouré d'amour qu'il est mort dans la paix et la sérénité du Seigneur.

Le samedi suivant, je suis rentrée comme d'habitude dans ma communauté. J'avais en effet la permission de vivre dans le bidonville du lundi au samedi, pour passer ensuite la fin de la semaine avec mes consœurs. C'était une bonne solution, qui me permettait de partager des moments de fraternité, mais aussi de prendre une bonne douche, chose impossible durant la semaine. À cette occasion, j'appris par un journal français la mort d'Onassis, l'une des personnes les plus riches au monde. Il était soigné dans l'une des meilleures cliniques parisiennes, où les meilleurs médecins étaient accourus. Onassis avait eu deux enfants. Le premier, Alexandre, s'était tué dans un accident, en pilotant un avion que son père lui avait offert. À sa mort, Onassis avait acheté une île grecque et lui avait fait construire un mausolée. Sa fille, Christina, vivait à Moscou avec son nouveau compagnon. Sa femme se trouvait aux États-Unis. Aucun de ses proches n'était auprès de lui au moment de son décès. Onassis est mort seul, en compagnie des médecins et des infirmières. Le pauvre Michael est mort entouré de l'amour de sa femme et de ses filles. Je suis persuadée que la pauvreté peut être une richesse. Je l'ai vécu.

Quand je suis arrivée dans les bidonvilles, les fillettes se mariaient à douze ans avec des hommes qu'elles n'avaient jamais vus auparavant. Souvent elles étaient battues par leurs maris. Nous avons construit pour elles une école, mais au début les parents ne voulaient pas qu'elles y aillent. Alors nous avons fait le tour de toutes les baraques pour les convaincre d'envoyer aussi les filles à l'école. Je dis « nous », parce qu'à cette époque Sœur Sara était déjà venue travailler avec moi. Sœur Sara est une sœur égyptienne, copte orthodoxe, avec qui j'ai travaillé pendant dix-huit ans et qui continue maintenant l'œuvre que nous avons commencée ensemble.

Les enfants avaient très envie d'avoir une école dans le bidonville, surtout les filles. Elles pleuraient et criaient : « *Madrassa ! Madrassa !* » Et elles finirent par attendrir le cœur de leurs parents, qui les envoyèrent dans notre école. Au début, l'enseignement n'allait pas jusqu'au lycée. Ceux qui souhaitaient continuer leurs études étaient obligés de sortir du bidonville, chose envisageable pour les garçons mais absolument impossible pour les filles, qui aimaient pourtant beaucoup étudier. Elles aimaient tellement apprendre qu'à l'occasion d'un examen de fin d'année, il se passa quelque chose de très étonnant, que nous ne parvînmes pas tout de suite à expliquer : tous les garçons avaient réussi et toutes les filles étaient recalées. Nous ne trouvions pas d'explication car elles étaient habituellement pour la plupart bien meilleures que leurs camarades. Elles prétextèrent que l'examen avait été difficile, surtout l'épreuve d'anglais… Puis elles finirent par avouer la vérité : elles s'étaient mises d'accord pour rater l'examen, afin de redoubler, de ne pas rester à la maison et d'essayer de retarder, au moins d'un an, un mariage imminent vu qu'elles avaient déjà treize ou quatorze ans. Elles voulaient nous obliger à ouvrir un lycée dans le bidonville et commençaient à se rebeller. Nous étions en 1993 et je devais rentrer en Europe. Sœur Sara a quand même réussi à ouvrir le lycée. Je suis revenue en Égypte pour l'inauguration et lorsque j'ai vu ces jeunes filles, toutes fières dans leur uniforme, mon cœur a exulté de joie. Aujourd'hui, nombre d'entre elles fréquentent l'université. Quelques-unes viennent nous aider comme enseignantes ou assistantes sociales, et les choses vont de mieux en mieux.

Une autre de nos batailles dans les bidonvilles a été d'améliorer les conditions de vie en faisant arriver l'électricité et l'eau potable jusque dans les maisons. Cela n'a pas été simple. Pour obtenir l'installation de l'électricité, je suis allée voir en personne le ministre concerné afin d'obtenir toutes les signatures nécessaires. Pour permettre aux chiffonniers de se construire de vraies maisons en briques, nous avons mis sur pied des petits projets destinés à améliorer leur travail : comme ils ramassaient les ordures des quartiers riches du Caire pour en tirer quelque chose d'utile et de revendable, nous les avons aidés à acquérir une machine à recycler le plastique. Nous avons lancé de cette manière le projet des mille logements. Au début, des jeunes de Belgique sont venus m'aider, pendant leurs congés scolaires, renonçant ainsi à leurs vacances.

Aujourd'hui les bidonvilles sont complètement transformés. Il n'y a plus de baraques. Ou plutôt, elles n'abritent maintenant que des animaux. Les personnes qui habitent dans des maisons construites en maçonnerie sont restées pour aider les autres à améliorer leur situation. Chez les chiffonniers, il existe en effet une grande générosité. Même chez les enfants. Les pauvres ont le sens des autres. Je me souviens de mon premier Noël là-bas. Nous avions préparé des cadeaux pour tous les enfants, des paquets avec un petit jouet, une poupée ou une petite voiture, des gâteaux et un peu de chocolat. Le petit Moussa ne mangeait pas ses gâteaux. « Pourquoi ? lui ai-je demandé. Tu n'aimes pas le chocolat ? – Si, beaucoup, mais je veux le partager avec mes frères. » Ils étaient huit à la maison. Arrivé chez lui, il a coupé son chocolat en petits morceaux et l'a distribué ; à lui, il n'est resté que des miettes.

J'ai appris beaucoup de choses en vivant avec les chiffonniers et été témoin de situations peu courantes en Europe. Une pauvre femme, Omou Sabah, avait déjà trois enfants et se trouvait à nouveau enceinte. Son état de santé était visiblement précaire et je parvins à lui faire consulter un médecin. Dans sa baraque, tout était terriblement sale et en désordre. Elle n'avait plus la force de s'occuper de sa maison. Le médecin trouva qu'elle était dans un état grave ; selon lui, son cœur ne supporterait pas un nouvel accouchement. En Égypte, l'avortement est interdit, sauf si la vie de la mère est en danger. Le médecin proposa de la faire avorter, mais il s'adressa d'abord à moi, en français, pour m'exposer la gravité de la situation. En Égypte, on ne prononce jamais le mot « mort », on en a terriblement peur. Mais comme je voulais la mettre clairement face à la réalité, je lui ai dit : « Ton cœur est très malade et tu ne pourras pas supporter l'accouchement. Dans quelques mois, à la fin de ta grossesse, tu mourras. Le docteur te propose d'avorter avant qu'il ne soit trop tard. » Elle porta les mains à son ventre et me répondit avec un grand calme : « Je ne tuerai pas mon enfant. Je suis dans les mains de Dieu. Si Dieu permet que je meure, je mourrai, mais mon enfant vivra. » Il n'y a rien eu à faire, elle était fermement décidée.

Alors, avec le docteur, en plus des soins, nous avons préparé pour elle un régime spécial et, chaque jour, je lui envoyais des aliments nourrissants, par l'intermédiaire d'une petite chiffonnière à qui j'avais confié le soin de vérifier que c'était bien elle qui les mangeait. Un mois avant l'accouchement, je l'ai accompagnée à l'hôpital et chaque jour j'allais lui rendre visite. Au fur et à mesure que la date de l'accouchement approchait, j'étais de plus en plus préoccupée. Les douleurs commencèrent un soir, alors qu'il n'y avait qu'un jeune médecin de garde. Il connaissait la situation et ne voulait pas être seul à ce moment-là, car il craignait de la voir mourir dans ses bras. Et tandis qu'il était en train de chercher un médecin plus âgé et plus expérimenté, Omou Sabah entrait et sortait de la salle d'accouchement. La troisième fois, alors qu'on la ramenait dans la salle de travail, son bébé est né dans l'ascenseur, tout seul, sans que personne ne l'aide. Le lendemain, quand je suis arrivée, la gorge serrée, je l'ai trouvée détendue dans son lit, souriante, avec un petit paquet rose dans les bras. Le docteur qui l'avait suivie vint la voir et il m'avoua qu'il ne comprenait pas comment elle pouvait être encore vivante. Pour lui, c'était un miracle.

Une autre femme que je n'oublierai jamais, c'est Fauzeya, ma voisine de la baraque d'à côté. Son mari, comme beaucoup dans le bidonville, était très violent. Il la battait souvent, mais jamais pendant la semaine, parce que moi, qui vivais à côté, j'entendais tout ; tandis qu'à la fin de la semaine, je retournais au couvent. Ainsi, un lundi matin, je la trouvai le visage tuméfié. Le samedi soir, il était rentré complètement ivre et l'avait frappée. J'étais décidée à la faire retourner chez elle, chez son père. Je lui dis : « Ça suffit, Fauzeya, tu ne peux pas supporter cela plus longtemps. J'ai un peu d'argent, je t'aiderai à acheter un billet pour que tu rentres chez toi. » J'ai beaucoup insisté, car cela me peinait trop de la voir vivre dans de telles conditions. Mais elle ne voulut rien savoir et m'expliqua qu'elle ne voulait pas séparer les enfants de leur père. « Il les aime tellement, me dit-elle, et eux aussi l'aiment beaucoup. » C'est vrai qu'avec elle, il était violent, mais avec ses enfants, il était transformé. « Si quelqu'un doit souffrir, continua-t-elle, ce ne sont pas eux, c'est moi. »

Le retour en Europe

Quand elle revient vivre en France, Sœur Emmanuelle le fait par obéissance. Elle a tenu bon pendant cinq ans, mais, à la fin, elle a dû céder. Elle a quitté la France en 1931 ; elle y revient en 1993, plus de soixante années plus tard. Bien sûr, elle y est retournée de temps en temps, mais seulement pour de courtes périodes. L'Europe qu'elle a laissée n'est plus la même et, surtout, les personnes et la manière de vivre ont complètement changé. Ainsi a commencé pour elle une nouvelle vie, dans laquelle elle est allée à la découverte de l'Europe. Elle a rencontré beaucoup de gens, elle a écouté, elle a posé beaucoup de questions, elle a voulu connaître la réalité, les multiples réalités qui constituent ce monde riche, elle a cherché les réponses aux contradictions de notre société.

Le malheur, la mauvaise humeur des gens qu'elle rencontrait, les visages tristes qu'elle voyait dans la rue l'ont profondément frappée. En 1995, deux ans seulement après son retour en Europe, elle écrivait : « Qu'est-ce qu'il faut, en fin de compte, pour qu'un être humain soit heureux ? Je n'en sais rien. [...] Des personnes qui ont apparemment tout pour être heureuses me parlent de tentatives de suicide. [...] Mais en attendant, leur malheur existe, c'est une réalité[1]. »

Les années suivantes, elle a cherché, elle s'est replongée dans Pascal, qui avait eu tant d'importance pour elle au moment de ses études de philosophie à la

---

1. Sœur Emmanuelle, *Le paradis, c'est les autres*, conversations avec Marlene Tuininga, Paris, Flammarion, 1995.

Sorbonne, et elle a trouvé les mots qu'il fallait pour aider tous ceux qui se tournaient vers elle à la recherche d'un soutien, à la recherche du sens de la vie. « Vous cherchez un sens à votre vie ? Demandez-vous qui et comment il vous est possible d'aimer. [...] L'amour est le mystère de nos existences[2]. »

Dans les bidonvilles, tout le monde était toujours de bonne humeur et riait du matin au soir. Personne ne se plaignait, les gens prenaient la vie comme elle était. Tous se connaissaient, se parlaient, il régnait une atmosphère d'amitié. Quand, en 1993, mes supérieures m'ont demandé de rentrer en France – elles me l'avaient déjà demandé quand j'ai eu quatre-vingts ans mais, année après année, j'ai résisté jusqu'à quatre-vingt-cinq ans –, je suis revenue en pensant que j'allais rencontrer des gens heureux. En Europe, les gens ont tout. Les chiffonniers n'ont rien : pas de magasins, pas de cinémas, pas de lieux de divertissement. Les enfants ne possèdent pas de jouets.

Mais à mon retour, ma surprise a été grande. Je n'ai pas trouvé ce que j'imaginais. On dit que la France est renfrognée, que les gens font la tête. C'est vrai, ils n'arrêtent pas de se plaindre. Je me souviendrai toujours de mon premier soir passé en France, le jour de mon retour. À table, les gens ont passé toute la soirée à me raconter ce qui n'allait pas : le gouvernement, les

---

2. Sœur Emmanuelle, Philippe Asso, *Vivre, à quoi ça sert ?*, Paris, Flammarion, 2004, p. 111.

appartements qui coûtent cher, les rumeurs, les jeunes qui n'écoutent plus les vieux, etc. Il n'est pas possible de parler avec quelqu'un sans que, tôt ou tard, il se plaigne de quelque chose. Il est bien rare que cela n'arrive pas.

Alors je me suis mise à poser des tas de questions, j'ai « interviewé » des tas de gens dans toute l'Europe, je leur ai demandé s'ils étaient heureux et, sinon, pourquoi ils ne l'étaient pas. J'ai cherché à comprendre de quoi dépend le bien-être de l'homme. Dans les bidonvilles, au milieu des cochons noirs, des rats et des ordures, on ne possède rien, et pourtant on plaisante, on s'amuse. On ne se plaint pas. Une seule fois j'ai rencontré une jeune femme qui pleurait à cause de la situation dans laquelle elle se trouvait. Elle venait de la Haute-Égypte et n'était pas habituée à vivre au milieu des ordures. Les autres ne se plaignaient jamais.

Mais qu'est-ce donc qui rend les hommes heureux ? On peut trouver la réponse dans la définition qu'Aristote fait de l'homme, qu'il décrit comme *zoon politikon,* « animal politique ». Politique dans le sens où il appartient à la *polis,* à la « cité ». L'homme est un animal, comme les bêtes, mais il a le sens de la relation. L'homme est donc un animal relationnel. Cela m'a fait réfléchir. Les moutons mangent les uns derrière les autres, ils ne se parlent pas ; chacun mange son herbe, sans s'occuper de l'autre. Ce sont des bêtes. Mais l'être humain, même s'il a des instincts comme les animaux, possède pourtant le sens de la relation avec les autres êtres humains. Ainsi, en y réfléchissant, j'ai compris ce qu'est le bonheur, ce qu'est le bien-être : c'est vivre dans l'harmonie des relations humaines.

J'ai quitté l'Europe en 1931 ; j'y suis retournée en 1993 et, pendant cette longue période, qui comprend au moins deux générations, j'y suis venue seulement de temps en temps, pour de brefs séjours. J'ai vu naître la radio et la télévision : je ne sais pas si c'est à cause d'elles, mais les relations ont changé, elles ne sont plus comme il y a soixante ans. Dans les petits villages, en particulier, les gens passaient beaucoup de temps ensemble. Les enfants jouaient ensemble. Aujourd'hui, il existe beaucoup moins de relations. Les personnes ne se connaissent plus, même si elles habitent tout près, sur le même palier ; elles ne se saluent même plus. J'ai ainsi compris que les pauvres sont plus facilement des êtres de relation que les riches.

Dans le bidonville régnaient une convivialité, une solidarité et une fraternité qui permettaient aux personnes d'être beaucoup plus joyeuses. Dans mon livre *La richesse de la pauvreté*[3], j'ai essayé de montrer quelle grande richesse on peut trouver dans le dénuement. Dans la pauvreté, on possède le sens de l'autre ; pour survivre, on est obligés de s'entraider, de vivre les uns pour les autres. La pauvreté aide l'homme à se dépouiller de tout ce qui alourdit son propre cœur, qui rend son pas pesant. Dans la richesse, on cherche

3. Sœur Emmanuelle, Philippe Asso, *Richesse de la pauvreté*, Paris, J'ai lu, 2002.

à avoir toujours davantage. Toujours plus de choses, toujours plus d'argent. Et dans cette course au luxe, aux plaisirs, on n'arrive à rien. Il faut se remettre en question. Alors, si nous sommes contents de notre vie – grâce à Dieu ! –, continuons ainsi ; mais si nous trouvons que notre vie est insatisfaisante, qu'elle n'a aucun sens, nous devons nous demander pourquoi.

Nous devons chercher. Et souvent nous découvrons que nous ne sommes pas contents parce que nous n'avons pas su resserrer les liens d'affection avec les gens qui nous entourent. Si ce qui nous entoure est harmonieux et si nous nous trouvons bien avec les autres, si nous recherchons non seulement notre plaisir, mais aussi celui des autres, dans la mesure où nous donnons de la joie, nous en recevons autant. Dans la mesure où nous partageons notre vie avec les autres, nous pouvons être des diffuseurs de joie, surtout auprès des plus pauvres. Ce que je souhaite à chacun, c'est de faire de sa propre vie un chant d'amour, en témoignant d'une vraie et authentique amitié auprès de toutes les personnes qu'il rencontre, en donnant le plus de joie possible. C'est la seule manière de pouvoir avoir une vie qui « chante ».

La lutte pour la justice, contre la pauvreté

Sœur Emmanuelle a vécu jusqu'au bout une vie de témoignage public, en faveur de la justice, de la paix, contre les injustices d'un monde qui laisse tant de gens vivre et mourir dans la pauvreté. Elle a participé à de nombreuses émissions télévisées, elle a donné des centaines de conférences, elle a cherché à parler au cœur des hommes et des femmes de notre temps et, surtout, à s'adresser aux jeunes, avec lesquels, comme Jean-Paul II dans les années de sa vieillesse, elle entretenait une relation particulièrement affectueuse et compréhensive. À Rome, pour les Journées mondiales de la jeunesse de l'année sainte 2000, elle était en première ligne pour témoigner de l'amour de Dieu qui transforme la vie et qui conduit vers celui qui est pauvre et faible. Et dans la vie quotidienne aussi, par de petits gestes, elle savait témoigner de l'amour envers les plus petits. Dans la maison de retraite où elle a passé les dernières années de sa vie, chaque soir, avant d'aller dormir, elle rendait visite à sa voisine de chambre qui ne pouvait pas se lever toute seule. Une visite d'amitié, de petits services et des sourires.

Il y a un point fondamental pour chacun de nous. C'est la lutte acharnée contre la pauvreté dans le monde. Chacun de nous, selon ses propres possibilités, peut faire quelque chose pour sortir quelqu'un de la misère. Le problème n'est pas de faire des choses impossibles, mais beaucoup de gens pourraient donner un peu de leur temps, pendant la semaine, pour aider les autres. Je pense par exemple qu'ici, en France, beaucoup d'enfants, fils d'immigrés, ne parlent pas bien le français et rencontrent des difficultés à l'école, et trop peu de gens s'intéressent à eux. Ce n'est pas une chose très difficile à réaliser: aider un enfant dans son parcours scolaire, l'aider à apprendre notre langue ; c'est une chose simple mais c'est un combat très important. Et combien de vieilles personnes passent leurs journées sans que personne ne leur adresse un sourire, une parole, sans que quelqu'un ne prononce leur nom, en leur demandant « comment vas-tu ? ». Elles restent enfermées dans leur maison ou leur institut. Si nous regardons autour de nous, il n'est pas très difficile de trouver quelqu'un à qui donner un peu de notre temps. Les musulmans donnent la dîme. La Bible aussi demande la dîme. Sincèrement, qu'est-ce que nous donnons aux autres ? De quelle manière partageons-nous avec eux nos ressources ?

J'ai rencontré beaucoup de gens qui prennent soin des autres ou qui ont donné aux autres leurs propres ressources. J'ai des amis qui habitaient aux États-Unis et qui vivaient dans le luxe. Ce sont eux qui m'ont fait connaître la Communauté de l'Emmanuel et qui m'ont invitée à aller à Paray-le-Monial[4]. C'est là justement, à la fin d'une conférence, que l'on me posa la question suivante – la demande était écrite et je ne savais pas de qui elle provenait : « Quand on est très riche et qu'on est arrivé à l'âge de la retraite, on n'a plus besoin de grand-chose ; ne devrait-on pas donner une grande

4. Paray-le-Monial est le lieu des apparitions du Sacré Cœur de Jésus à sainte Marguerite Marie Alacoque, devenu un lieu de pèlerinage. La Communauté de l'Emmanuel y organise des rencontres et des retraites spirituelles. Plus de trois cent mille personnes s'y rendent chaque année en pèlerinage, accueillies par des aumôniers de cette communauté.

partie de notre richesse aux pauvres et se mettre à vivre les dernières années de notre vie dans la simplicité ? » Après avoir réfléchi, voilà ce que j'ai répondu : « Il faut faire attention. Si notre richesse vient de nos ancêtres, il s'agit d'un patrimoine qui ne nous appartient pas et que nous devons transmettre à nos enfants. Mais si notre richesse provient de notre travail personnel, la chose est différente, nous en sommes vraiment propriétaires. Toutefois, si l'on a des enfants, avant de donner nos richesses, il vaut mieux se mettre d'accord avec eux, afin qu'à notre mort ils ne se trouvent pas sans rien. Et il faut laisser mûrir les choses. Quelquefois, on a un désir dans le cœur mais sans avoir jamais vraiment envie de le réaliser. Dieu vient en aide à qui donne avec joie. C'est bien ce que nous dit saint Paul : "Dieu *aime* celui qui donne avec joie[5]." Il faut attendre et, au moment où l'on sent qu'on peut le faire, en gardant ce qui nous sert pour vivre de façon convenable, choisissons l'œuvre qui nous semble la plus valable, les pauvres que nous voulons aider, et faisons-le "en chantant". »

Le temps passa et mes amis, qui étaient revenus vivre en France, m'invitèrent dans leur nouvelle maison. Je découvris une rue bordée d'habitations modestes et un logement d'une grande simplicité. C'étaient eux qui m'avaient posé cette question et, après une période de réflexion, ils avaient décidé, en accord avec leurs enfants, de donner la plus grande

5. Cf. 2 Co 9,7.

partie de leur richesse et de se retirer dans un logis bien plus sobre. Ils étaient vraiment heureux, ils avaient peint leur maison en rose, parce que, comme le disait cette amie : « Maintenant notre vie est tout en rose ! »

C'est une histoire un peu spéciale, je ne sais pas s'il faut les imiter ; il s'agit d'une question personnelle. Mais chacun de nous doit se remettre en cause de temps en temps. Nous devons nous poser la question : « Qu'est-ce que je fais ? En toute sincérité, est-ce que je fais tout ce que je peux ou bien est-ce que je pourrais mieux faire, faire davantage ? » Nous devons agir, parce que nous sommes responsables de la lutte contre l'injustice. Il faut se mettre à combattre.

Cela peut aussi se traduire par des actes politiques. Pourquoi, de temps en temps, ne pas soutenir une manifestation qui ne défende pas nos propres intérêts mais ceux des autres, pour se faire la voix de ceux qui n'en ont pas ? Pourquoi, par exemple, ne pas soutenir une manifestation pour le dialogue Nord-Sud, qui avance si lentement ? Ou encore une manifestation pour l'Afrique, comme celle qui a été organisée à Rome l'année dernière[6], avec à sa tête le maire et la Communauté de Sant'Egidio, toujours prête à intervenir quand il s'agit de justice, car l'Afrique est aujourd'hui abandonnée ?

L'Afrique souffre et connaît de grandes difficultés dont nous devons découvrir les causes. Quand nous,

---

6. « Italie-Afrique 2005 : le développement combat la pauvreté », Rome, 28 mai 2005.

les colons, avons quitté ces pays, avons-nous laissé des États capables de se gouverner eux-mêmes ? N'avons-nous pas voulu garder les rênes, sans permettre à des personnes capables de se former pour diriger leur pays ? C'est une histoire que j'ai vécue personnellement. Quand j'étais en Tunisie, je me souviens que les jeunes trouvaient très facilement des bourses d'étude pour devenir instituteurs ; mais il leur était presque impossible de devenir des intellectuels, de parvenir jusqu'à l'université ! On prétendait que ce n'était pas nécessaire puisque nous, les Français, étions là. Nous voulions que le pays reste dans le rang. Dans beaucoup de colonies, les choses n'ont pas bien fonctionné après l'indépendance ; et dans bien des cas, elles ne fonctionnent toujours pas aujourd'hui.

Cette lutte acharnée pour la paix, pour le dialogue Nord-Sud, pour la justice, pour l'abolition de la torture et de la peine de mort – dans ce domaine aussi Sant'Egidio travaille de toutes ses forces –, pour l'amélioration des conditions de vie en prison, est menée par différentes organisations, parmi lesquelles je voudrais citer Amnesty International. C'est bien de participer à ces organisations pour les renforcer.

Je le répète. Chacun devrait se remettre en question, là où il se trouve, et se demander : « Qu'est-ce que je peux faire ? Qu'est-ce que je dois faire ? » Parce que, en tant qu'êtres humains, nous sommes responsables du fonctionnement de notre planète. Il ne nous est pas demandé de partir et d'aller vivre au milieu des Kurdes, mais d'encourager tout ce que nous pouvons soutenir, de toutes les manières, avec notre argent, notre temps, et de le faire là où nous vivons, dans notre quartier, dans notre rue, en aidant les personnes en difficulté que nous rencontrons. Il n'est pas possible que quelqu'un meure seul chez lui sans que personne ne s'en aperçoive. Un jour, comme on ne le voit plus rentrer ni sortir, on commence à s'en préoccuper et on le découvre, mort depuis un moment déjà. Combien de fois les journaux évoquent-ils une personne décédée que l'on a découverte au bout de plusieurs jours, à cause de l'odeur nauséabonde qui se dégageait de son appartement !

Je me souviens d'un vieux professeur de lycée à la retraite qui avait mis un petit mot dans toutes les boîtes aux lettres de l'immeuble où il vivait, pour offrir son aide aux jeunes qui en avaient besoin. Personne ne lui a répondu, personne n'est venu frapper à sa porte, ne serait-ce que pour le remercier, pour lui dire qu'ils n'avaient pas besoin de cette aide. Il est mort seul et personne n'en a rien su. Il s'agit de lutter contre la solitude. Je reçois énormément de lettres que je pourrais résumer en une seule phrase : « Je meurs de solitude dans mon appartement. » Si chacun se dévouait à cette lutte, les choses changeraient. Alors, prions Dieu qu'il nous éclaire, afin que nous puissions comprendre ce que nous pouvons chacun faire, et comment, pour les autres, avec nos possibilités.

Et cela, je le dis aussi aux personnes âgées qui vivent dans des maisons de retraite. Là, personne ne s'adresse la parole. Beaucoup de vieilles personnes vivent ensemble sans se parler. Et pourtant, beaucoup sont justement venues vivre dans une maison de retraite par peur de la solitude. Quand je m'approche d'elles, je leur fais un sourire, et je leur demande de le rendre à la personne qui se trouve à leur côté. Car, même si on est malade, on peut s'intéresser aux gens qui nous entourent. Jésus, en mourant sur la croix, a eu des paroles de compassion pour sa propre mère, qu'il a confiée à Jean. Il faut toujours sortir de soi-même et chercher à aider ceux qui sont en difficulté.

Chacun doit trouver où mener son combat pour qu'il y ait plus de joie dans le monde. Le monde est comme un miroir : si tu donnes de la joie, tu en reçois. Donner procure à la vie une effervescence, cela nous fait comprendre que nous sommes vivants, et frères et sœurs de tous les hommes qui nous entourent.

Faire l'aumône

Faire l'aumône peut sembler un geste désuet, signe d'une piété désormais dépassée. Beaucoup pensent que c'est inutile. On trouve même souvent des arrêtés publics interdisant aux pauvres de mendier, comme par exemple à Assise en 2008 ou en d'autres villes d'Europe[7]*. Un grand nombre de gens se sentent incommodés par ceux qui montrent leur pauvreté avec ostentation, allant même parfois jusqu'à faire semblant*

7. On peut lire à ce sujet Marco Bartoli, *Pater pauperum. Francesco, Assisi e l'elemosina*, Padoue, Messagero, 2009, p. 23-24.

d'être aveugles ou estropiés quand ils mendient ; mais ils le font pour « briser [notre] cœur de pierre... Pourquoi découvrent-ils leurs moignons ? Pour toi. Si nous étions miséricordieux, ils n'auraient pas besoin d'utiliser ces moyens », disait saint Jean Chrysostome[8]*. Mais Jésus dans l'Évangile est très explicite : « Vendez vos biens et donnez-les en aumône*[9]*. » Sœur Emmanuelle a écouté ces paroles et nous aide à les mettre en pratique.*

Il faut toujours s'intéresser aux pauvres qui demandent l'aumône dans la rue, à ceux qui sont assis à la porte des églises : on leur donne une pièce de monnaie, on leur fait un sourire, on leur serre la main et on essaie, doucement, de devenir leurs amis.

Combien de fois passons-nous à côté des pauvres sans leur prêter attention ! Je me souviens d'un pèlerinage auquel j'ai été invitée, il y a quelques années, en Allemagne. Après les conférences, on se rendait à l'église pour prier, chanter et participer à la liturgie. Le long de la route, j'avais remarqué un homme assis par terre, avec son chien, qui demandait l'aumône. Je me suis arrêtée et j'ai discuté avec lui. Heureusement, il parlait l'anglais et nous avons pu nous comprendre. Il m'a un peu raconté sa vie. Suite

---

8. Jean Chrysostome, *Homélie sur la Lettre aux Hébreux*, XI, 3.
9. Lc 12,33.

à un accident, il avait dû se faire amputer d'une jambe. Il ne pouvait plus travailler et son chien était sa seule consolation. Chaque jour, des centaines de gens passaient devant lui, mais personne ne s'arrêtait ni ne portait un regard sur lui.

Le lendemain, alors que je prenais la parole dans le cadre d'une conférence, j'ai dit : « Nous allons à l'église, et c'est bien. Mais pensons-nous à nos frères ? Il y a là-dehors un pauvre malheureux que personne ne regarde. Il est là, par terre, avec une jambe amputée. Pourquoi ne nous arrêtons-nous pas un peu pour parler avec lui ? » À partir de ce moment-là, beaucoup ont commencé à s'intéresser à lui. Au bout de quelques jours, mon ami m'a dit : « Vous avez transformé ma vie ! Maintenant les gens s'arrêtent à côté de moi, ils me parlent, ils me sourient. Je suis devenu quelqu'un qui existe ! » Il m'a offert un chapelet. Il m'a tellement touchée, ce pauvre homme qui m'avait acheté un cadeau. Nous nous sommes embrassés et nous avions tous deux les larmes aux yeux.

C'est si simple de s'arrêter sur notre chemin, de perdre quelques minutes de notre propre temps, de donner un sourire. C'est la même chose devant les églises. Certaines paroisses prennent soin de leurs pauvres, trouvent des logements pour les sans-abri, parviennent à les réinsérer dans la société. J'ai une amie hors du commun. Elle a un petit logement dans son jardin et souvent elle y accueille un sans-abri, qu'elle essaye de remettre en selle, et quelquefois elle y arrive. L'important est qu'il se sente aimé. Tout le monde n'a pas la possibilité et le courage de faire ça tout seul. Mais il existe de nombreuses associations dans lesquelles on peut s'engager pour aider les pauvres qui vivent dans la rue. Beaucoup s'engagent dans les soupes populaires. Et qui ne peut donner quelques centimes, avec un sourire, à ceux qui tendent la main ?

On peut faire des tas de choses. Le problème est toujours le même : quelles que soient nos propres possibilités, il faut avoir le désir de chercher, de regarder l'autre, savoir écouter et savoir aimer. Que chacun, à sa manière, lutte pour qu'il y ait plus de justice dans le monde. C'est l'essentiel dans toutes les religions. Que chacun écoute les paroles de Jésus, dans l'évangile de Matthieu. Le Seigneur, au jour du Jugement, dira aux uns : « Venez, les bénis de mon Père, recevez en héritage le Royaume qui vous a été préparé depuis la fondation du monde. Car j'ai eu faim et vous m'avez donné à manger, j'ai eu soif et vous m'avez donné à boire, j'étais un étranger et vous m'avez accueilli, j'étais nu et vous m'avez vêtu, malade et vous m'avez visité, prisonnier et vous êtes venus me voir. » Alors les justes lui répondront : « Seigneur, quand nous est-il arrivé de te voir affamé et de te nourrir, assoiffé et de te désaltérer, étranger et de t'accueillir, nu et de te vêtir, malade ou prisonnier et de venir te voir ? » Et le Seigneur leur fera cette réponse : « En vérité je vous le dis, dans la mesure où vous l'avez fait à l'un de ces plus petits de mes frères, c'est à moi que vous l'avez fait. »

Et aux autres, même à ceux qui se disent bons chrétiens et qui vont à la messe tous les dimanches, il dira : « Allez loin de moi… car j'ai eu faim et vous ne m'avez pas donné à manger ; j'ai eu soif et vous ne m'avez pas donné à boire ; j'étais un étranger et vous ne m'avez pas accueilli, j'étais nu et vous ne m'avez pas vêtu, malade et prisonnier et vous ne m'avez pas visité[10]. »

Cela montre à quel point Dieu s'est fait homme pour aider les pauvres. Nous suivons notre religion quand nous aidons les pauvres. Souhaitons-nous de nous aimer les uns les autres de manière sincère, d'avoir comme le Christ une préférence pour tous ceux qui souffrent et de lutter, si possible ensemble, de toutes nos forces, afin qu'il y ait moins d'injustice sur la terre.

Les associations de Sœur Emmanuelle et Sœur Sara

Sœur Emmanuelle tenait beaucoup à ses associations. Elle ne voulait pas laisser les pauvres avec qui elle avait vécu, et souhaitait qu'après elle, d'autres continuent de prendre soin d'eux. Beaucoup lui avaient

10. Cf. Mt 25,31-46.

demandé de venir les soutenir et elle ne voulait pas se dérober ; elle essayait de soutenir des projets dans de multiples endroits au monde. Elle ne craignait pas de parler pour plaider sa cause. Quand elle en avait l'occasion, elle s'adressait directement aux puissants de la terre, aux riches, à tous ceux qui pouvaient aider les projets pour lesquels travaillaient ses associations. Et pour aider Sœur Sara, une sœur copte orthodoxe qui partageait depuis des années son travail au Caire et qui, aujourd'hui encore, vit et travaille dans les bidonvilles de la capitale égyptienne.

Suite à mes initiatives sont nées quelques associations qui travaillent pour plus de justice sur la terre. Il y en a une à Paris, Asmae, qui soutient des projets dans neuf pays du monde. Il y en a en Inde, aux Philippines, au Liban, où nous travaillons entre autres pour le dialogue islamo-chrétien, pour essayer de combler l'abîme qui sépare les différentes religions. Il y en a en Afrique, au Burkina Faso et en Égypte. En France, nous nous occupons des mères célibataires : nous voulons leur redonner leur dignité, les aider à acquérir une formation solide, à trouver du travail. Chaque fois que je vais à Paris et que je rencontre mes collaborateurs, je note à quel point ils sont professionnels et combien ils développent la même vision des choses que moi. Notre idée est de partager, de travailler ensemble, d'avancer avec les institutions locales dans le respect le plus profond. Nous cherchons ensemble à transformer le sort des populations rejetées et à en faire des hommes et des femmes, à préparer les enfants pour qu'ils deviennent des citoyens actifs et bien formés.

En France, nous avons une autre association, l'Opération Orange, qui travaille surtout en Égypte, au Soudan et au Liban. Le Soudan m'intéresse particulièrement parce que j'y ai été appelée, il y a une vingtaine d'années. Le pays connaissait à l'époque une grande famine et, quand je suis arrivée à Khartoum[11], j'ai assisté à un spectacle horrible, que je n'avais jamais vu auparavant. Le long des trottoirs gisaient des tas de petits enfants qui venaient du Sud et qui étaient en train de mourir de faim. Il existait au Soudan une association qui faisait du bon travail mais qui ne comprenait aucun Soudanais. Malheureusement, nous, les Européens, avons souvent un terrible complexe de supériorité. Je ne voulais absolument pas travailler là-bas sans m'associer à quelqu'un du lieu. Mais j'ai rencontré un certain Khamal, qui m'a dit : « Sœur Emmanuelle, la nuit, je n'arrive pas à dormir, parce que je vois les enfants qui meurent de faim dans la rue. Je suis diacre à l'église, je vis bien avec ma famille, j'ai un commerce et mes affaires marchent bien ; qu'est-ce que je peux faire pour eux ? » Le lendemain, je l'ai fait entrer dans l'association et il s'est donné corps et âme pour ces petits.

Nous avons décidé de construire des écoles. Comme nous n'avions pas assez d'argent, nous les

11. En 1986.

avons construites, sur ses conseils, en bambou. Nous avons commencé avec deux grands locaux. Puis les écoles se sont multipliées – une cinquantaine –, accueillant des milliers d'enfants. Nous avons pris en charge des enfants dès les premières années de leur vie et les avons menés jusqu'à l'université. Nous avons créé des écoles agricoles où chaque adolescent était responsable de ce qu'il faisait, des cultures et des animaux. J'ai aussi des associations en Belgique et en Suisse. Je suis contente parce que je vois qu'elles font du bon travail : elles s'occupent de milliers d'enfants pauvres, en prison. En Autriche aussi nous avons des amis qui nous aident beaucoup. Le jour où Dieu m'appellera, je partirai en chantant, parce que je vois que les choses que je laisse derrière moi fonctionnent très bien.

En Égypte, j'ai travaillé avec les Égyptiens et avec Sœur Sara, une femme extraordinaire, une Égyptienne orthodoxe d'une communauté fondée par un évêque, Mgr Atanasio, qui a compris le premier la nécessité que des religieuses de vie active sortent de leur couvent pour s'occuper des pauvres. À l'époque, en effet, toutes les religieuses orthodoxes étaient des moniales. Pour une religieuse, il était scandaleux de sortir du couvent. Mais elles ne se sont pas découragées et elles ont continué. J'ai connu leur fondatrice, Sœur Anna, qui m'a raconté son histoire. Depuis toute petite, elle désirait devenir religieuse pour s'occuper des pauvres. À la fin de ses études secondaires, elle a décidé d'apprendre la couture pour l'enseigner aux jeunes filles pauvres, devenant une couturière extraordinaire. Sa famille souhaitait qu'elle se marie, mais elle voulait vivre pour le Christ et pour les pauvres. Elle parvint à trouver un brave homme avec qui elle fit un mariage blanc. Dans sa maison, elle recevait les pauvres, elle les soignait, elle vivait seule pour aider les autres. Son mari, quand il tomba malade, appela l'évêque et lui dit qu'il souhaitait donner sa maison à l'Église afin que sa femme, après sa mort, puisse continuer à soigner les pauvres. Son frère voulait qu'elle se remarie, mais elle n'accepta pas. Alors il l'enferma dans sa chambre pendant plusieurs jours sans lui apporter à manger. Puis elle parvint à le convaincre de la laisser aller dans le nouvel ordre fondé par Mgr Atanasio, dans une ville située à une heure du Caire.

Sœur Sara appartenait aussi à cet ordre et son choix de vie religieuse fut également combattu par sa famille. Elle aimait énormément les pauvres et c'est pour les aider qu'elle devint religieuse. Son père était hostile à son projet au point de la menacer d'un pistolet, tellement il avait honte de voir sa fille, religieuse, dans la rue. Elle attendit et, un jour, elle partit faire une retraite chez Mgr Atanasio. Il y avait Sœur Anna. Elle dit aux sœurs qu'elle resterait avec elles. Mais son père vint la chercher et elle dut rentrer à la maison. Heureusement, sa mère réussit à convaincre son mari que c'était à leur fille de décider de sa vie. Sa mère possédait un grand sens de la liberté parce qu'elle avait étudié dans une école tenue par des sœurs. Ainsi

Sara put retourner au couvent. C'est une femme exceptionnelle, avec un très grand amour et beaucoup de respect pour les pauvres. Quand je suis partie, elle a continué le travail que nous avons réalisé ensemble pendant dix-huit ans.

II

La vieillesse

Lorsque j'ai demandé à Sœur Emmanuelle de parler de la vieillesse, elle n'a jamais pensé à le faire d'un point de vue sociologique ou économique, en évoquant par exemple les conséquences de la vieillesse dans notre société. Elle savait bien que le nombre des gens âgés augmentait dans le monde entier, surtout dans les sociétés riches et plus développées. Elle savait aussi que cette bénédiction de Dieu qu'est la vieillesse n'est pourtant pas toujours vécue comme une grâce, mais bien souvent considérée comme un poids. Par son témoignage, elle a donc désiré aider ses sœurs et ses frères âgés, et ceux qui le deviendront, à vivre dans la joie et l'espérance la dernière partie de leur vie.

Elle, la première, était une femme heureuse. Heureuse d'être vieille, elle voyait les avantages que l'âge, que chaque âge, apporte dans la vie de chacun. Elle aimait dire qu'elle était « la femme la plus heureuse du monde ». Elle était troublée de voir tant de gens tristes et elle essayait de trouver les mots pour les aider à bien vivre ; elle voulait leur faire vivre cette joie que ni la maladie, ni les difficultés, ni les infirmités ne peuvent nous enlever, parce qu'elle vient de Jésus lui-même, lorsqu'on vit son amour et dans son amour. La joie est donc possible à tout âge, même dans la vieillesse. Sœur Emmanuelle a su montrer la beauté de la vieillesse à travers ses paroles et sa vie quotidienne. Par l'exemple de sa vie, elle nous montre qu'il est possible d'être heureux à tout âge, parce qu'à tout âge il est possible d'aimer. L'amour signifie que l'on s'intéresse à l'autre, que l'on s'intéresse à ce qui se passe dans le monde, que l'on prie pour « déplacer les montagnes » de haine et d'injustice. Tout seuls, avec nos pauvres mains, nous ne pouvons pas les atteindre, mais si nous levons nos mains vers le ciel, elles deviennent des armes puissantes pour vaincre le mal dans le monde et dans notre cœur.

Je suis très heureuse d'avoir quatre-vingt-seize ans

La vraie source, c'est Dieu. Dieu est immuable, il ne change pas. Donc, lorsqu'on s'agrippe à Dieu, on s'abreuve à une source toujours fraîche, qui nourrit complètement le cœur et l'âme. Quand l'âme entre dans la paix de Dieu, le corps lui aussi est en paix.

Lorsqu'on vit en essayant de se demander : « Qu'est-ce que le Seigneur pense de cela ? Comment les événements de la vie peuvent-ils glorifier Dieu ? », la vie acquiert une saveur, une effervescence, quelque chose d'extraordinaire. Tout a un sens. Vivons-nous des événements heureux ? Je te remercie mon Dieu ! Vivons-nous des événements qui nous font souffrir ? Je te remercie mon Dieu ! Pourquoi remercier le Seigneur ? Parce que le Christ lui-même a souffert. Il a su souffrir. Il est mort pour moi. Il est mort pour l'humanité. Par conséquent, comment puis-je me plaindre de ce qui m'arrive ? Nous savons que nous sommes unis au Christ. Nous sommes le corps du Christ, comme dit saint Paul[1]. Ainsi, dans notre vie, quelle qu'elle soit, à tout âge, quel que soit notre état de santé, de richesse ou de pauvreté, dans n'importe quelle situation, le Christ est présent. Dieu est là. Et par conséquent, la vieillesse nous permet d'apprécier la vie encore mieux.

À quatre-vingt-seize ans, on goûte la vie encore davantage. Goûter est un mot fort, cela signifie savoir découvrir la saveur des choses. Comme on goûte un bon plat, on peut goûter les événements. Comme le disait Montaigne, cela signifie que l'on cueille la substantifique moelle de chaque événement. La moelle est ce qui se trouve au centre de l'os, c'est ce qu'il y a de meilleur, de plus substantiel, ce qui a de la valeur. De la même manière, tout événement a sa valeur. La vie nous apprend à trouver, à travers les événements, l'immense valeur qui est souvent mystérieuse et cachée.

Au fil des années, on comprend que le fait de vivre une souffrance, petite ou grande, nous unit à

---

1. Cf. 1 Co 12,12-27.

l'humanité. C'est très important d'être unis, *accolés* au genre humain. Au fur et à mesure que les années passent, on comprend que l'on marche en cordée. Comme disait Élisabeth Leseur, « une âme qui s'élève, élève le monde[2] ». Cela fait penser à des milliers de femmes et d'hommes de par le monde qui souffrent dans leur corps et dans leur cœur, et qui, en toute humilité, en unissant leur propre souffrance du moment à celle de leurs frères et sœurs dans l'humanité, l'unissent aussi à celle du Christ lui-même, à son corps. Cela a une valeur universelle. On n'est plus seul à souffrir. Et quand on est heureux, on n'est plus seul à chanter de joie.

Je crois que, plus les années passent, plus on se rend compte qu'il faut viser à l'essentiel. Quand j'étais jeune, je dramatisais les événements d'une manière incroyable, même quelquefois ridicule : « Mais pourquoi ? – Laisse donc faire, ce n'est pas grave, me disait la maîtresse des novices. Tu vas y penser pendant une semaine, mais dans un mois, ou dans un an… Accepte les choses comme elles sont. » Et la vieillesse aide énormément. C'est un grand avantage de la vieillesse, qui peut donner (et donne souvent) la sagesse. Demandons à l'Esprit Saint de nous aider à

---

1. Élisabeth Leseur (1866-1914), née à Paris, épouse un anticlérical et vit une vie mondaine. Après l'agnosticisme, Élisabeth trouve la foi et fait une expérience mystique. Elle meurt en laissant à son mari un testament qui le poussera à entrer dans l'ordre dominicain. Le journal d'Élisabeth Leseur commence en septembre 1899 et se termine l'année de sa mort, avec son testament spirituel.

trouver la saveur des choses, à goûter les choses en vérité, de façon authentique et humaine.

De cette manière, nous pouvons traverser les événements en chantant. On traverse les événements, on ne se laisse pas abattre par eux. La vieillesse nous l'enseigne largement. On se rend compte que l'on s'est créé des préoccupations pour lesquelles il ne vaut pas la peine de s'inquiéter. La vieillesse nous enseigne profondément à regarder plus haut, à regarder le ciel, comme le faisait Jésus. Elle nous apprend à marcher ici-bas, les pieds bien plantés sur terre, mais le regard tourné vers le ciel.

Nous avons un corps, mais aussi un cœur, et nous sommes faits pour l'éternité. La vieillesse a quelque chose d'éternel. Elle nous apprend, à travers les événements, à ne pas trop nous laisser prendre par eux et à regarder plutôt nos frères et sœurs en humanité. Elle nous invite aussi à nous tourner le plus possible vers Dieu qui est amour, afin de pouvoir affirmer, comme le disait un moine de Lérins, que « la vieillesse est le temps de l'amour. Aimez maintenant le Seigneur qui vous aime. Aimez vos frères et sœurs, aimez les événements, afin qu'un jour vous puissiez mourir en souriant ; vous mourrez d'amour et vous tomberez dans les mains de Dieu ».

La vieillesse aide beaucoup à accepter sereinement le genre de mort qui sera le nôtre. « Seigneur, j'accepte le type de mort qui me sera réservé, avec tout ce que cela comporte », et j'ajoute : « Je remets tout cela dans les mains de la Vierge Marie. »

Grâce à la vieillesse, je vous assure que les problèmes diminuent de plus en plus. La vie devient plus simple. Il s'agit seulement d'accepter à chaque instant ce qui arrive. En ce moment, nous sommes ensemble, nous parlons et je goûte le fait d'être avec toi. En ce moment, c'est ce que Dieu offre à ma vie.

Je suis très heureuse d'avoir quatre-vingt-seize ans.

La joie dans la vieillesse

Selon que l'on s'intéresse aux autres ou que l'on se replie sur soi, la vieillesse peut être l'âge le plus privilégié de notre existence ou, au contraire, le plus atroce. On peut la symboliser par un beau coucher de soleil sur une mer calme ou par un rayon de lune blafard sur les flots tourmentés de la mer. À travers les flux et les reflux de la vie, certains ont sans aucun doute cherché à répandre de l'amour, ils ont transmis la paix et la joie ; on s'est tourné vers eux dans les moments difficiles, sûr d'être compris, soutenu, et renforcé. D'autres, au contraire, n'ont eu pour objectif que leur propre intérêt. L'autre ne comptait pas à leurs yeux, sauf s'il pouvait leur être utile d'une manière ou d'une autre. Ceux-ci vivent la vieillesse comme une chose négative parce qu'ils donnent trop d'importance aux plaisirs que la vie nous offre quand on est jeune. Il est évident, par contre, que plus l'on vieillit et moins on peut faire de sa propre vie une course aux plaisirs.

Mais les plaisirs sont-ils la chose la plus importante? Le problème est de savoir où est l'essentiel.

Certaines personnes sont habituées à avoir beaucoup d'argent pour pouvoir satisfaire les nombreux plaisirs qui leur font envie. Bien sûr, cela n'est pas défendu. Mais cela ne remplit pas le cœur de l'homme. Si l'on ne pense qu'à soi, qu'à son propre plaisir, et que l'on ne trouve pas sa joie dans la joie des autres, alors la vieillesse est véritablement pesante. J'entends par « plaisir » quelque chose de matériel, quelque chose qui satisfait les cinq sens. La joie, au contraire, ne passe pas. Pourquoi ? Parce que la joie est de connaître Dieu, comme l'affirme Pascal dans son *Mémorial*.

La joie a une source spirituelle. Le plaisir est au contraire quelque chose d'éphémère, qui disparaît sitôt qu'on y a goûté. La joie, c'est d'être heureux de pouvoir aider les autres, de se réjouir pour les autres, et, dans la mesure où on donne de la joie, on en reçoit. Mais quand une personne âgée ne se préoccupe pas de donner de la joie aux autres, peut-être parce qu'elle a été égoïste durant sa vie, la vieillesse devient quelque chose de terriblement pesant. En effet, le corps ne peut plus jouir comme il le voudrait et l'âme ne peut plus satisfaire les désirs du corps, comme elle l'a toujours fait. Que lui reste-t-il ? Le vide.

Quand on arrive à l'âge de la retraite ne subsistent que les vraies amitiés, surtout quand le poids de l'âge amène des signes de décadence quelquefois imprévus mais toujours sensibles ! On perd un peu la vue, on ralentit le pas, on devient dur d'oreille. Ce n'est pas facile d'accepter ces changements. Mais on peut trouver des compensations. Il est vrai que je perds la vue, mais j'ai toujours mon cœur. Je peux toujours aimer. L'amour est éternel, il est plus fort que la souffrance et que la mort.

Quand les forces diminuent, les activités suivent le même rythme, tandis que le déploiement de l'être, de façon paradoxale, peut au contraire augmenter au lieu de diminuer. C'est là le problème : le corps, les facultés, diminuent, mais l'âme, l'amour, le sourire peuvent grandir.

J'ai toujours été frappée par l'histoire de la comtesse de Castiglione, l'une des plus belles femmes de son temps. Elle était devenue l'étoile de la cour de Napoléon III, qu'elle était parvenue à séduire. Mais suivant le cours inexorable de la nature, elle aussi finit par devenir une petite vieille toute fripée. Elle ne sortait plus, sinon la nuit, dans les rues les moins éclairées de Paris, malheureuse et honteuse de sa beauté perdue !

Comment être insensible au charme de ces visages tout ridés, qui ont perdu la fraîcheur de leur jeunesse mais qui nous regardent avec tant d'affection ? On se sent bien auprès des personnes âgées, de ces grands-mères qui vous entourent de leur indulgence chaleureuse. Je ne prétends pas nier la grâce physique de la jeunesse, au contraire, mais en ce qui me concerne, je ne cesse de remercier le Seigneur pour ma vieillesse !

Quelle grâce de n'avoir rien d'autre à faire que d'être la « sœur universelle » de tous ceux que je rencontre chaque jour : je n'ai rien d'autre à faire que de les écouter, les regarder, leur souhaiter tout le bien possible, comme une sœur attentionnée et affectueuse. Je n'ai rien d'autre à faire que d'aspirer l'amour du cœur de Dieu pour le respirer et l'expirer autour de moi ! Quelle chance d'être vieille !

Tout homme et toute femme recherchent le bien-être. Et votre bien-être ne dépend que de vous. Le problème se pose en ces termes : ou bien je ne vis que pour moi et je serai malheureuse dans ma vieillesse, ou bien j'accepte de vivre pour les autres et avec les autres, en leur donnant du bonheur. À n'importe quel âge, on peut essayer d'être pour les autres source de bienveillance, de tolérance, de compréhension, et encore plus dans la vieillesse, quand on a plus de temps et une plus grande liberté. Dans la mesure où, aujourd'hui, une partie de vos intérêts sont dirigés vers la joie et le bien-être des autres, vous vous préparez une vieillesse heureuse, quel que soit le milieu où vous vivrez, et indépendamment de ce que le gouvernement fera pour vous.

Aimer à tout âge

Tout au long de la vie, il nous faut chercher différentes manières d'aimer, car la vie et les situations changent. J'ai été professeur de lycée pendant plusieurs années – les années de ma vie active, selon la classification économique – et l'enseignement m'a passionnée. Car je le concevais de manière socratique. La mère de Socrate était sage-femme et, comme elle, il aidait les gens à accoucher, à faire sortir d'eux-mêmes ce qu'ils possédaient de plus riche. C'est cela l'éducation. « Éduquer » vient du latin *ex ducere* et signifie « conduire en dehors ». C'est aider un jeune, plein de vitalité et de promesses, à comprendre sa propre valeur, ses propres capacités et à les développer toujours davantage. C'est passionnant.

Une fois à la retraite, ma vie n'a pas changé. Ce sont seulement mes activités extérieures qui ont changé. L'amour ne change pas. Avant, j'aimais mes élèves. J'essayais de les aimer en les aidant à développer le plus possible leurs capacités intellectuelles et morales, telles que la volonté et la sensibilité, afin d'en faire des femmes fortes, tout d'une pièce. Ensuite, j'ai continué à aimer. C'est simple. J'ai quitté l'enseignement et je suis allée vivre dans trois bidonvilles du Caire, parmi les plus misérables, les plus méprisés, les plus pauvres au monde. Cela m'a permis de continuer à aimer.

Chacun peut trouver, en changeant d'activité, un terrain où exercer ce qu'il a de meilleur en lui, c'est-à-dire la capacité de s'intéresser aux autres et de leur venir en aide. Quel que soit l'endroit où l'on se trouve, on rencontrera des personnes qui ont besoin d'un sourire, d'une visite, de quelqu'un qui les écoute.

Pendant vingt-deux ans, j'ai partagé la vie des plus pauvres du Caire. Et quand ma supérieure m'a demandé de rentrer en France, je me suis retrouvée dans une maison de retraite avec plein de gens à aimer. Ici, nous sommes en effet une cinquantaine. On peut toujours donner aux autres le meilleur de soi pour les aider à supporter le poids de la souffrance.

De plus, pendant une longue période, j'ai pu m'intéresser aux sans-abri, à ceux qui vivent dans la rue. J'étais avec eux trois jours par semaine. J'avais une petite chambre dans un centre d'accueil pour pouvoir être plus proche d'eux. De cette manière, j'ai continué à aimer.

J'écris des livres pour essayer de dire ce que le bien-être sur terre a été pour moi, comment faire de sa vie quelque chose qui « chante », toujours dans la perspective de chercher à diffuser le plus possible de joie autour de moi.

En ce sens, ma vie n'a pas changé. Je n'ai jamais ressenti aucun vide dans mon existence et je suis persuadée que, quel que soit l'endroit où l'on se trouve, même si l'on est seul, malade, dans un lit d'hôpital, on peut toujours s'intéresser aux autres, aux personnes qui nous entourent, et on peut prier. Jésus sur la croix a confié sa mère à l'apôtre. Je pense que nous devons tous passer, un jour ou l'autre, par l'épreuve de Jésus sur la croix. Mais nous, aujourd'hui, nous avons Marie, notre mère. Marie joue un rôle essentiel dans ma vie. Du matin au soir, elle est avec moi et elle m'aide énormément. Chaque fois que quelque chose ne va pas bien, je l'invoque : « Marie, viens tout de suite, aide-moi. C'est ta fille qui t'appelle ! » Je ressens très clairement qu'elle m'aide à soulager les autres, qu'elle m'aide à chanter, à donner de la joie.

Un jour ou l'autre, nous passerons par la croix. Je pense que c'est une grâce parce que cela nous apprend où est l'essentiel. L'essentiel n'est pas sur la terre. Nous sommes comme des taupes : nous ne voyons pas la réalité, mais la réalité nous attend. Il s'agit d'un autre monde. Ce n'est pas le monde terrestre, matériel, c'est le monde spirituel. C'est le grand ciel de Dieu, où tous les êtres s'aiment dans la paix et dans l'harmonie. Nous sommes appelés, chacun et chacune, par l'amour de Dieu, du Christ qui est mort pour chacun de nous et qui, comme il nous l'a dit, nous a préparé une place. Notre place est prête pour l'éternité.

La perception du temps

Le temps est extrêmement précieux. Il faut essayer de profiter au maximum de chaque minute de notre vie. Il est important de ne pas se laisser entraîner par les actions que nous essayons de réaliser, mais de rechercher ce qui nous semble être la manière la plus utile de vivre pour les autres, pour nous-mêmes et pour la gloire de Dieu. Notre vie est dans nos mains. Nous ne sommes pas toujours libres d'agir comme nous le voudrions, mais nous avons des tas de possibilités d'accomplir une chose ou l'autre, de faire des choix.

Jean-Paul II est mon modèle. Pendant des années, il a été à bout de forces. Dans de telles conditions, il aurait pu rester à Castelgandolfo. Il aurait pu se reposer. Pourquoi pas ? Personne n'aurait pu dire qu'il n'avait pas le droit de le faire ! Mais lui sentait qu'il avait encore toutes ses facultés mentales. Il a vu combien de milliers de jeunes accouraient vers lui, dès qu'il les appelait, pour l'écouter. Aussi a-t-il continué jusqu'au bout à voyager pour porter partout la vérité, la lumière et la joie. Pendant longtemps, quand je me sentais un peu fatiguée, je me disais : « Écoute, Emmanuelle, fais attention ! Où est ton pape ? Il est parti en Corée, en Asie, en Afrique. Lève-toi ! Avance ! Il y a quelqu'un qui attend ta visite, une lettre à écrire, un coup de fil à donner. Ne reste pas dans ton fauteuil ! Remue-toi un peu ! » Et je continue encore à me le répéter, en souvenir de lui. Car les jours de notre vie ne sont pas infinis et il faut vivre chaque instant au maximum.

Ouvrir son cœur

Dans notre vie, il est fondamental de toujours se dépasser. Cela signifie qu'il faut s'intéresser à toutes les situations, qu'elles soient proches, concernant les gens qui nous entourent, ou qu'elles soient lointaines, très loin dans le monde. Il ne faut pas nous contenter de nos propres problèmes. Il me semble qu'en tournant notre regard partout à travers le monde, nous permettons au Seigneur de travailler encore, nous laissons prier le Christ et la Vierge Marie. Quand je pense à toutes les violences qui traversent notre monde, une prière monte de mon cœur : c'est le *Kyrie eleison.* Seigneur, aie pitié de ceux qui meurent et de ceux qui tuent, parce que les plus malheureux ne sont peut-être pas les victimes, mais ceux qui, par fanatisme, à cause d'une religion mal comprise, croient qu'ils doivent tuer quelqu'un d'autre et quelquefois mourir avec lui.

Devant ces situations si atroces – je me souviens par exemple de l'assaut de l'école de Beslan en Russie, où tant d'enfants ont trouvé la mort –, devant de tels actes, on ne peut pas rester insensibles. Mon devoir est de prendre dans mon cœur, dans ma prière, ces centaines d'enfants, de victimes innocentes, et d'en faire comme un grand bouquet de fleurs, que j'offre au Seigneur pour que maintenant, et dans les siècles des siècles, ils chantent dans sa gloire, dans l'amour, comme si c'étaient mes propres enfants. Tous les enfants du monde sont mes enfants.

Quant à ceux qui ont perpétré un acte aussi atroce, eux aussi sont enfants de Dieu. Nous ne devons pas l'oublier. Avec le Christ sur la croix, il faut prendre toutes les situations, même les plus désespérées, et dire simplement, avec lui et comme lui : « Père, pardonne-leur, ils ne savent pas ce qu'ils font[3]. »

Cela signifie que nous pouvons et que nous devons participer, de manière réelle et profonde, à tout ce qui se passe dans l'univers. Nous avons une grande responsabilité. Nous devons laisser toutes ces situations pénétrer en nous, afin que notre respiration devienne comme la respiration de tous ceux qui souffrent ; afin que notre pensée s'unisse à tout ce qu'il y a de beau et

---

3. Lc 23,34.

de bon dans l'univers, et Dieu sait qu'il y a beaucoup de gens, croyants ou non, qui agissent pour le bien. Je cherche à m'unir à eux, et quant à ceux qui font le mal, j'essaye de les prendre dans mon cœur pour supplier le Seigneur d'avoir pitié de mes frères et de mes sœurs égarés. Je ne peux pas les laisser comme ça, sans m'intéresser à eux, je n'en ai pas le droit. Ils se sont malheureusement laissé entraîner à accomplir des actes incroyablement mauvais, mais peut-être que moi, dans les mêmes conditions, poussée par le milieu ambiant, j'aurais fait la même chose.

Moi aussi j'ai de mauvais instincts mais, grâce à mon éducation, grâce à l'eucharistie quotidienne à laquelle je participe depuis l'âge de douze ans, ces instincts n'ont pas pu se développer ; pourtant ils existent. Donc, ceux qui commettent de tels actes font aussi partie de moi, ils sont un peu de ma chair et de mon sang. C'est pourquoi je dois m'intéresser à eux, de manière réelle et profonde, je dois vivre avec eux en un certain sens, car ils sont enfants de Dieu. Le Christ intercède pour chaque être vivant sur la terre et, à travers moi, je dois laisser le Christ prier pour le monde entier. Il est donc vital de rester actifs dans sa pensée et dans son cœur, unis à tous ceux qui vivent aujourd'hui sur la terre et qui sont mes frères et mes sœurs.

Saint Paul dit : « Je peux tout en celui qui me rend fort[4]. » « Tout » n'est pas un mot qui contient beaucoup

4. Ph 4,13.

de lettres, mais il n'a pas non plus de limites. Il n'y a pas de limites au mot « tout ». Puisque je peux tout, je ne dois jamais dire : « Cela, je ne peux pas le faire. » Bien sûr, sans l'aide du Christ et de Marie, ma mère, je ne pourrais pas. Chacun de nous est en effet confié aux soins prévenants de la Vierge Marie, puisque Jésus sur la croix a dit à Jean, en la désignant : « Voici ta mère » ; puis il a dit à Marie : « Voici ton fils[5]. » Depuis ce jour, Jean représente toute l'humanité. Cela signifie qu'au moment de sa mort, et d'une mort atroce, sur la croix, Jésus a confié toute l'humanité à sa mère, et il m'a donc confiée moi aussi. Si Jésus m'a tant aimée au point de mourir pour moi, comment puis-je dire : « Je ne suis pas capable de cela » ?

Je pense ne pas être capable de soulever une montagne, mais pourtant le Christ a dit : « Si vous avez de la foi gros comme un grain de sénevé, vous direz à cette montagne : "Déplace-toi d'ici à là et elle se déplacera"[6]. » Il ne s'agit pas de montagnes réelles ; pourtant, aujourd'hui encore, en Égypte, les chrétiens coptes se souviennent chaque année avec joie de l'événement suivant : l'émir de la ville, qui haïssait les chrétiens et voulait les massacrer, demanda à leur patriarche de les réunir sur une grande place du Caire, parce qu'il voulait leur parler. Face à eux sur son cheval, le gouverneur s'adressa au patriarche : « J'ai lu ton Évangile, où il est écrit que celui qui a un peu de

5. Jn 19,26-27.
6. Cf. Mt 17,20.

foi peut transporter les montagnes. Crois-tu au Christ ? » Le patriarche répondit oui. Alors l'émir lui donna une semaine pour soulever la montagne proche de la ville. Sinon, il ferait tuer tous les chrétiens, parce que, n'ayant pas la foi, ils étaient infidèles et méchants. Le patriarche, se tournant vers les siens, leur dit simplement : « Mes frères, allons prier et nous parviendrons à soulever la montagne. » Ils prièrent et jeûnèrent toute la semaine. Le jour venu, ils se réunirent tous au même endroit. Le gouverneur était là lui aussi, avec ses soldats. Alors le patriarche se tourna vers la montagne et lui dit : « Montagne, je te l'ordonne, coupe-toi en deux. » L'histoire raconte que la montagne vibra et se sépara en deux parties. C'est pour cela qu'on l'appela Mokatà, qui signifie « qui a été coupée ». Il existe des preuves historiques de cet événement, qui n'est pas une légende, aussi bien du côté chrétien que du côté musulman.

Je crois qu'aujourd'hui le problème n'est pas de demander à Dieu de déplacer telle ou telle montagne. Nous sommes entourés de difficultés grandes comme des montagnes. Comment faire pour changer les gens ? Pour vivre avec eux ? Pour avoir des relations harmonieuses ? Ce n'est pas impossible. Avec le Christ qui est amour et qui nous a donné son commandement : « Aimez-vous les uns les autres, comme je vous ai aimés[7] », tout est possible. Je ne dis pas que c'est facile ni que l'on peut y parvenir tout seul, mais c'est possible.

7. Jn 13,34.

J'ai un souvenir qui date de ma jeunesse. Dans ma communauté religieuse, il y avait une sœur qui était la surveillante générale, et moi j'étais enseignante dans une classe. J'aimais vivre en bonne harmonie avec mes élèves, mais la surveillante générale les punissait pour un oui ou pour un non, aussi je ne pouvais pas la supporter. Quand vint la supérieure générale, je décidai de lui en parler, car il me semblait que ce n'était pas une bonne chose. Je lui confiai alors que je n'arrivais pas à supporter une des sœurs. C'était impossible. Je ne pouvais pas l'aimer. J'entends encore la supérieure me répondre, avec un petit sourire : « Vous avez deux tempéraments complètement opposés. Tu es un peu trop coulante ; je sais que tes élèves t'aiment beaucoup, mais ta classe n'est pas très disciplinée. L'autre sœur aime la discipline, elle est anglo-saxonne, et elle y tient. Mais attention ! Le Christ n'aime-t-il pas aussi cette sœur ? N'a-t-elle aucune qualité ? Quel droit as-tu de ne pas l'aimer ? Tu vois, Sœur Emmanuelle, il existe un moyen très simple. Prie pour elle avant la communion, quand tu reçois Jésus dans ton cœur, pour que lui aime cette sœur. Laisse le Christ s'emparer de ton cœur et demande au Seigneur d'en prendre tellement possession qu'il le remplisse d'amour pour cette sœur. Dans le Christ, il est impossible de ne pas s'entendre. Mais il faut beaucoup prier. »

Eh bien, j'ai suivi ses conseils, et au moment de la communion, j'ai pris cette sœur dans mon cœur et dans ma prière, et, doucement, mes rapports avec elle se sont améliorés, au point que lorsque j'ai quitté la ville pour rejoindre le nouvel endroit où j'étais appelée, elle m'a dit : « Comme je vais vous regretter ! Comme j'aurais aimé que vous restiez toujours ici ! » Nous étions parvenues à trouver ensemble un *modus vivendi*, entre une qui était trop sévère et une autre qui était trop tendre. Nous sommes arrivées à nous comprendre. Pourquoi ? Parce que rien n'est impossible à Dieu. Je peux tout en celui qui me rend fort.

Cela donne à la vie quelque chose de merveilleux. Quand, avec le Christ et par le Christ, avec la Vierge et par la Vierge, on arrive, grâce à la prière, à aimer, mais à aimer vraiment tous ceux qui nous entourent, cela donne à la vie une légèreté, une effervescence ; on avance en chantant parce que l'on marche encordés les uns avec les autres et, tous ensemble avec le Seigneur, on devient un seul cœur. Si bien que, finalement, dans la vieillesse, on se connaît davantage, on connaît mieux ses propres limites, ses propres incapacités, sa propre misère, ses propres faiblesses, ses propres lassitudes. Je me sens pleine de faiblesses, je suis lâche quelquefois, je ne suis pas assez courageuse, mais j'ai tellement fait l'expérience de l'amour du Christ qui, j'en suis sûre, au moment de sa mort, voyait toute l'humanité avec un regard plein d'amour, que je n'ai peur de rien. Je suis tellement sûre de marcher main dans la main avec la Vierge et avec le Christ que je ne ressens plus rien, et que rien ne peut m'empêcher d'avancer. Parce que, comme disait la petite Thérèse, nous avons un ascenseur. Elle était petite et n'arrivait pas à monter les escaliers; alors elle appelait: « Maman ! Maman ! » Sa mère arrivait, la prenait dans ses bras et elles montaient ensemble les escaliers. J'y pense souvent et, aujourd'hui, j'ai l'impression que Marie et Jésus sont mes ascenseurs. Pour tout ce que je n'arrive pas à faire, tout ce dont je suis incapable, il n'y a aucun problème, avec eux rien n'est impossible.

Les avantages de la vieillesse dans les relations humaines

Quand je suis allée vivre dans les bidonvilles, j'avais soixante-deux ans: je n'étais pas vieille mais j'avais atteint un âge respectable. Personne ne pensait à mal. Si j'avais eu quarante-deux ans, cela n'aurait pas été la même chose. Pour une femme jeune, cela aurait été impossible. Je pouvais vivre seule, rentrer le soir à vingt-trois heures ou minuit sans aucun problème. La vieillesse offre de grands avantages dans les rapports avec les hommes, qui deviennent simples, cordiaux, fraternels.

Aujourd'hui, j'ai beaucoup d'amis hommes et nous sommes ensemble comme des frères et sœurs. Si j'avais été plus jeune, cela aurait été plus compliqué. Vu sous cet angle, il est agréable d'être vieux. Cela élimine de nombreux problèmes. La vieillesse suscite le respect et crée avec les jeunes une sorte de connivence. On a l'impression de se comprendre mutuellement: je les aime beaucoup et j'éprouve un grand respect pour eux, car les jeunes méritent qu'on leur fasse confiance. L'âge permet d'entretenir des rapports plus détendus, comme ceux qu'ont les grands-parents avec leurs petits-enfants.

Chaque âge de la vie donne des opportunités. La jeunesse permet plus d'activités, plus d'élans, plus d'idéaux, quelquefois un peu irréalisables, mais qui permettent d'aller de l'avant. La vieillesse apporte une plus grande prudence et, en même temps, l'expérience de la vie fait que l'on a plus confiance dans le genre humain. Comme le dit Shabistari[8] : « Fends le cœur de l'homme et tu y trouveras un soleil. » C'est vraiment mon expérience. En effet, à travers le monde, j'ai rencontré des hommes qui semblaient durs, fermés, avec lesquels il paraissait impossible d'entrer en relation. Pourtant, nous avons pu trouver une manière de nous comprendre.

J'ai noté que, si l'homme en question est père, à peine parle-t-on de ses enfants qu'une brèche apparaît et que son cœur s'entrouvre immédiatement. L'homme, quel qu'il soit, est toujours un père qui s'attendrit sur ses enfants. Dès que l'on parle à un homme de ses enfants, son visage s'éclaire et le rapport devient amical. Et quand il s'agit de bébés, la connivence est immédiate, la glace se rompt, le lien s'établit et l'amitié se construit rapidement.

Je me souviens de la fois où, pour ouvrir une école dans un bidonville du Caire, j'avais besoin d'une

---

8. Mahmoud Shabistari est un poète persan soufi du XIVe siècle.

autorisation officielle qui n'était pas simple à obtenir. Un ami connaissait le directeur du service dont dépendait l'autorisation. Je suis allée le voir, mais j'ai trouvé un homme très dur. Il ne répondait que par monosyllabes et affirmait que l'école n'était pas nécessaire, qu'il n'y avait pas assez d'enfants à cet endroit, etc. En somme, j'avais devant moi un mur. Je lui ai lors demandé s'il avait des enfants. Il en avait, qui allaient tous à l'école. « Eh bien, monsieur, vous voyez, tous ces petits sont mes enfants. Ne m'empêchez pas d'ouvrir une école pour eux. Vous avez une école pour vos enfants, je vous en demande une pour les miens. » Son visage s'est transformé et il m'a répondu qu'il me transmettrait la réponse par notre ami commun. Il m'a donné la permission et nous avons ouvert l'école.

Une autre fois, je me trouvais au Liban, pendant la guerre, avec le président de l'Association des amis de Sœur Emmanuelle, pour aider les enfants, dont beaucoup étaient orphelins et très pauvres. Je fus reçue par l'ordre de Malte, parce qu'il vient en aide à tout le monde, aussi bien aux chrétiens qu'aux musulmans, et je voulais faire de même. À l'ambassade de l'ordre de Malte, je fis la connaissance d'un certain M. Philippe Duchet. Il me montra, de l'autre côté de la route, à une centaine de mètres, un grand immeuble, qui abritait une école pour enfants. Quelques mois auparavant, les rues avaient été bombardées de manière terrible. Personne ne pouvait plus sortir. Les tirs avaient commencé vers onze heures du matin, alors que les enfants étaient entrés à l'école à neuf heures. Il était donc impossible de les faire ressortir. Ils étaient obligés de rester à l'école mais n'avaient rien à manger. Alors ce M. Duchet avait rempli son fourgon de nourriture et d'eau potable ; mais chaque fois qu'il essayait de sortir, les tirs reprenaient de plus belle. Il était désespéré. Il s'enveloppa donc dans un grand drapeau de l'ordre de Malte, respecté pour l'aide qu'il apporte des deux côtés, et les bombardements cessèrent.

En risquant sa propre vie, M. Duchet se rendit au poste de commandement musulman, situé entre sa maison et l'école. Il voulut parler au chef pour lui demander la permission de porter de l'eau et de la nourriture aux enfants. Le chef connaissait l'existence de cette école, mais il ne voulait rien savoir. « Je suis là pour tuer nos ennemis, il s'agit d'une école chrétienne, peu importe s'ils meurent. Je ne ferai rien pour les sauver ! » Cela faisait déjà trois jours que les enfants se trouvaient dans l'école et ils risquaient bientôt de mourir de faim et de soif. M. Duchet demanda alors au chef s'il avait lui-même des enfants et lui dit : « Que feriez-vous si vos enfants étaient là ? » Le visage du chef se métamorphosa et il lui accorda quinze minutes chaque jour pour porter aux enfants ce qui leur était nécessaire, pour leur sauver la vie.

Confiance dans le genre humain

Dans ma vie, j'ai fait l'expérience que Shabistari avait raison. Le problème est de parvenir à faire un petit trou, à ouvrir une brèche dans le cœur de l'homme. Quelquefois, la vie a été tellement dure que les hommes sont devenus eux-mêmes comme de la pierre et on croit qu'on ne peut rien faire. Mais la chose extraordinaire est que l'on peut toujours faire quelque chose, parce que même celui qui apparaît comme le plus insensible a été créé à l'image de Dieu. Comme il est écrit dans la Bible, « Dieu créa l'homme à son image, homme et femme il les créa[9] ». Cela signifie qu'en tout être humain, quel qu'il soit, même s'il a malheureusement laissé se développer en lui les pires instincts, cette petite image de Dieu est indélébile. Elle est dans la peau, dans le cœur, dans l'intime de l'homme. Évidemment, nous pouvons la cacher, la faire disparaître, afin que personne ne puisse la voir, mais elle est là, au plus profond de nous, et elle existe. C'est pour cela qu'il y a besoin de quelque chose pour la faire revenir à la surface, en la rendant à nouveau visible.

Au début du siècle dernier, un jeune homme nommé Jacques Fesch avait tué un agent de police en s'enfuyant lors d'un cambriolage. Pour lui, la vie des autres n'avait aucune valeur. Il ne pensait qu'à lui-même. Arrêté, il fut jugé et condamné à mort parce que, malheureusement, à l'époque, en France, la peine de mort était encore en vigueur. En prison, il vécut une conversion extraordinaire. Un jour, il sentit dans son cœur que la vie qu'il avait menée jusque-là avait été

9. Cf. Gn 1,27.

mauvaise, qu'il n'avait vécu que pour son plaisir et non pour les autres, jusqu'à en arriver à tuer. Et la petite image de Dieu qui était cachée au plus profond de son cœur revint à la surface au point qu'il vécut ses derniers mois en prison, avant de mourir, de manière extraordinaire. Il se mit à prier et parvint à accepter sa condamnation à mort : « Je vais mourir en union avec le Christ sur la croix, afin que le Christ prenne ma mort et l'unisse à la sienne. » Actuellement, un dossier a été déposé à Rome pour la proclamation de la sainteté de Jacques Fesch.

Dans l'Évangile, nous avons l'exemple du bon larron, qui dit à l'autre : « Pour nous, c'est justice, nous payons nos actes, mais lui n'a rien fait de mal… » ; et, se tournant vers Jésus : « Souviens-toi de moi lorsque tu viendras avec ton royaume. » C'était une prière. Et Jésus lui répond : « En vérité, je te le dis, aujourd'hui, toi le bandit, le misérable, l'homme méchant qui a fait souffrir les autres, qui a peut-être tué ou violé, tu seras avec moi dans le Paradis[10]. » Le Christ l'a pris en lui, avec son sang qui coulait à flots, avec les clous plantés dans ses mains et dans ses pieds, il a répandu son sang pour lui simplement parce qu'il l'a invoqué. Un rien suffit, un « pitié Seigneur », pour que le Seigneur nous prenne avec ses mains si fortes et nous conduise avec lui dans l'autre vie de bien-être et d'amour, car nous avons compris que ce que nous avons fait n'est pas bien et que nous le supplions de nous sauver. Avec

10. Cf. Lc 23,41-43.

lui, rien ne peut empêcher que nous ayons une autre vie, et j'y crois. Je vais visiter les prisons régulièrement, j'essaye d'y aller, quand j'ai un peu de temps, chaque semaine. J'y ai fait des expériences extraordinaires.

Dans les prisons, on peut rencontrer toutes sortes de gens. Je me souviens d'avoir fait la connaissance, entre autres, d'une jeune femme qui avait tué son fils et qui avait été condamnée pour cela à vingt ans de prison. Je suis allée la voir chaque semaine pendant un an et je peux dire que, durant cette période, il s'est passé pour elle une conversion. Au début, elle disait que ce n'était pas vrai, qu'elle n'avait pas tué cet enfant. On ne sentait rien en elle qui pouvait ressembler à une demande de pardon. Que devais-je faire ? Comment me comporter ? Je devais l'écouter, la regarder avec amitié, lui montrer respect et amour, parce qu'elle aussi est fille de Dieu. Je peux dire que, de semaine en semaine, quelque chose en elle se transformait. L'image de Dieu qui était en elle commençait à refaire surface.

Un jour enfin, et j'entends encore ses paroles, elle me dit, le visage bouleversé : « Comment ai-je pu en arriver là ? » Dès cet instant, elle s'est mise à prier, son âme s'est rapprochée de Dieu et dans son cœur a commencé une autre vie. Aujourd'hui, je ne la vois plus parce qu'elle a été transférée dans une autre prison, au nord de la France, où je ne peux pas me rendre, mais nous avons continué à nous écrire. Je sens que cette femme commence à avoir une vie intérieure et qu'elle se plonge dans l'amour de Dieu pour obtenir son pardon, si bien qu'à sa sortie elle commencera une autre vie.

J'ai vécu ainsi des tas d'expériences au cours de ma vie et j'ai vu que l'homme, et la femme, à n'importe quel âge et quel que soit son genre de vie, est toujours appelé par le Seigneur à retrouver en lui sa ressemblance avec Dieu, il est toujours invité à aimer, et non à haïr.

Cela me fait penser à la peine de mort. N'y a-t-il pas quelque chose d'injuste dans cette condamnation ? Nous n'avons pas le droit de condamner quelqu'un à mort, mais, au contraire, nous devons tout faire pour l'aider à transformer sa propre vie en une vie meilleure. C'est une question très importante. D'autant plus qu'il y a eu des condamnations de personnes innocentes. Sommes-nous vraiment sûrs, à cent pour cent, qu'un homme est responsable des crimes dont on l'accuse ? Et même si nous sommes vraiment sûrs de sa responsabilité, et que le crime est vraiment atroce, même dans ces circonstances, pourquoi ne pas lui laisser la possibilité de changer de vie, plutôt que de lui faire une injection pour l'empêcher de vivre, d'affronter une vie qui pourrait à nouveau avoir un sens ? Le problème n'est pas simple et la Communauté de Sant'Egidio se bat, avec d'autres hommes et d'autres femmes dans le monde, pour arriver à abolir la peine de mort, et je suis sûre qu'elle y parviendra. Il faut encore un peu de patience dans certains pays, mais je pense qu'on ne peut pas ne pas comprendre la valeur de la vie de l'homme, qu'aucun autre homme ne devrait pouvoir détruire aussi facilement.

Les relations avec les jeunes

Partout où je passe, je rencontre toujours des gens très aimables, et cela m'aide vraiment dans ma vieillesse. Il est vrai que beaucoup sont gentils avec moi parce qu'ils connaissent Sœur Emmanuelle, mais, au-delà de ça, la vieillesse inspire facilement du respect. Quand on est jeune, on se fait souvent marcher sur les pieds sans trop d'égards. Mais quand on est âgé, les gens nous regardent avec affection, comme on regarde une grand-mère. Les petites aides que l'on offre aux personnes âgées procurent un peu de chaleur et font naître un type de relations que seule la vieillesse peut créer. Il ne faut pas laisser tomber ces attentions. Quand on est vieux, il faut se faire gâter un peu par les plus jeunes : accepter volontiers qu'on nous prenne par le bras, même si notre pas est encore assez sûr.

La vie n'est pas si difficile et elle offre tout un ensemble de possibilités et de relations avec ceux qui nous entourent, si bien que nous ne devons pas nous désespérer en disant : « Je suis vieux, je ne peux rien faire. » Même si l'on est vieux, on peut encore faire beaucoup de choses. On a encore notre esprit. Il n'y a qu'à laisser faire et, en laissant faire, offrir quelque chose de beau, quelque chose qui « chante », qui peut intéresser l'autre, qui fait parler l'autre de sa vie, qui touche l'autre dans son cœur.

Au fur et à mesure que les années passent, les relations deviennent beaucoup plus faciles. Mais il est fondamental pour cela de s'accepter. Si l'on se révolte contre l'état dans lequel on se trouve, quel qu'il soit, on se retrouve avec des difficultés supplémentaires. Je me suis beaucoup révoltée quand j'étais jeune. La révolte en soi est un bien, parce qu'on ne peut pas accepter les torts, les violences ou des manières d'agir contraires au respect et à la solidarité entre les hommes. Il faut avoir ce type de révolte ; mais la révolte par rapport à soi-même, parce que l'on ne reçoit pas ce que l'on attendait ou parce que l'on s'affaiblit et que l'on ressent de plus en plus le poids de l'âge, cela ne sert à rien. Il faut accepter tout cela avec douceur et sérénité. Il y a une phrase de Marc Aurèle que j'ai transformée en prière et que j'aime beaucoup : « Seigneur, donne-moi la sérénité d'accepter les choses que je ne peux pas changer, le courage de changer celles qui peuvent l'être et la sagesse de faire la distinction entre les deux. » Attention cependant, il existe des choses que nous pouvons changer en nous-mêmes, tandis que l'on ne peut pas changer autrui, ou plutôt on peut changer notre mode d'entrer en relation avec lui. Il s'agit donc de savoir faire la différence entre les choses contre lesquelles on ne peut rien faire et celles au contraire que l'on peut changer.

Les jeunes

Beaucoup de jeunes se sentent découragés et j'essaye de les aider à changer. Je suis étonnée de voir combien les jeunes aiment les plus âgés. Mon message auprès d'eux est toujours le suivant : vous ne comprenez pas encore tout ce qui se cache en vous de valeur, d'intelligence, de volonté et de cœur. Il faut « s'accrocher ». C'est ce que je leur répète toujours. Élaborez un projet, étudiez bien s'il est réalisable, voyez quelles sont les difficultés que vous pourrez rencontrer. Si un projet vous semble bon, qu'il permet de développer votre personnalité, qu'il vous rend heureux et qu'il peut rendre les autres heureux, accrochez-vous. Vous réussirez à le réaliser. Et quand quelque chose va de travers, il ne s'agit pas d'un échec mais d'une expérience, parce que la route que vous avez prise n'est pas la bonne. Grâce à ce que vous appelez échec et que je considère comme une bonne expérience, vous accomplirez ce que vous vous étiez proposés de faire, parce que vous avez compris la route à suivre. Donc, il faut s'accrocher. Ne pas attendre des autres ce que l'on désire, car on ne va pas nous le servir sur un plateau. Mais c'est à travers tout ce que l'on possède en soi-même, et précisément en s'accrochant et en continuant à se battre, que l'on parviendra au but. Et c'est nous qui y parviendrons. C'est en profitant de tout ce qui est caché en nous-mêmes et qui jusque-là n'était pas sorti à l'air libre, ce qu'il y a dans notre intelligence, notre volonté, notre cœur, et en disant : « *Yalla, en avant !* », comme disent les Arabes, que nous réussirons. Il est important de faire comprendre aux jeunes qu'ils sont capables de réaliser des tas de choses s'ils s'engagent, s'ils « s'accrochent ». C'est là le problème, il faut s'accrocher pour réussir à tout prix ce qui est bon pour nous.

III

La mort

Le 20 octobre 2008 mourait Sœur Emmanuelle. Au terme de la messe dite en souvenir d'elle, à la cathédrale Notre-Dame de Paris, on lut une de ses lettres, qui se terminait par ces mots : « Il est passionnant de vivre en aimant ! »

Quand on est jeune, on ne pense jamais à la mort. Maintenant, à quatre-vingt-seize ans, j'y pense tous les jours, et même plusieurs fois par jour, parce que je sais bien qu'il ne me reste pas beaucoup d'années à vivre, indépendamment de mon état de santé. Dans la maison de retraite où je vis, nous sommes nombreux. Un jour nous parlons, nous sommes ensemble et tout va bien. Puis soudain quelqu'un se sent mal, les infirmières arrivent, on l'emmène à l'hôpital et, quelques jours plus tard, on apprend qu'il est mort. Nous sommes habitués à vivre aux côtés de la mort et cela nous aide à nous y préparer.

Il faut bien s'entendre sur ce que l'on appelle la mort. Tout le problème est là. La mort est-elle la fin de notre vie sur la terre, qui est la partie la plus importante de notre existence ? Ou est-elle la fin d'une préparation à une autre vie, bien plus importante que la première, car la première est mortelle tandis que la seconde est immortelle ?

Je pense aux paroles du père fondateur de ma congrégation, Théodore Ratisbonne : « La mort, c'est simplement l'enfant qui tombe dans les bras de son père. C'est l'épouse qui voit enfin le visage de son époux. » Finalement, la mort est le plus beau moment de la vie sur terre parce que c'est le moment où la rencontre se fait pour l'éternité. « Seigneur, quand verrai-je ton visage ?[1] » Combien de fois le psaume le répète-t-il ? Les Psaumes parlent de la mort et de l'éternité. Tout dépend de la façon dont on considère la mort. C'est certainement un moment terrible. La séparation de l'âme et du corps ne se fait pas de manière simple et facile. On souffre souvent beaucoup et, par conséquent, on n'a pas beaucoup le temps de réfléchir. Je ne sais pas comment cela se passera pour moi, dans quelles conditions se dérouleront les derniers instants de ma vie. Je me confie à Dieu et à la Vierge Marie, et cela me suffit.

La fin d'une vie au cours de laquelle on a toujours cherché à entrer en communion avec Dieu, la fin de cette vie terrestre, n'est que le prélude à une

---

1. Cf. Ps 42 (41),3.

symphonie. Dans la musique, le prélude est fait pour nous introduire à ce qui suit, qui nous emmène plus loin et plus profond ; de la même manière, la vie terrestre est le prélude d'amour à une vie qui sera encore plus pleine d'amour et d'harmonie. Sur terre, étant donné la faiblesse de chacun de nous – et aussi la mienne –, il n'est pas possible de vivre tout le temps dans l'harmonie, l'amour et la joie.

La vie est souvent une lutte pour essayer de comprendre tous ceux qui nous entourent et pour accepter les événements, quelquefois terribles, qui nous abattent. Mais quand on croit vraiment, on est sûr que le moment de la mort est celui qui nous lance dans une autre vie, où il n'y aura plus ni incompréhensions, ni difficultés, ni souffrances. Soudain, on est plongé dans la lumière, et quelle lumière ! Ici, nous sommes des taupes ; sur terre, on ne voit pas la lumière. Nous savons pourtant qu'un jour viendra la lumière de Dieu.

La vision de la mort ne dépend que de la vision de Dieu que nous avons. Si, pour nous, Dieu est vraiment un père plein d'amour et de miséricorde pour notre faiblesse, qu'il a envoyé le Christ pour partager notre vie et notre mort et qu'il nous a aimés jusqu'à ce point, nous croyons alors aussi que Dieu a préparé pour nous une vie sans fin à ses côtés ; là, nous vivrons enfin d'amour, en respirant l'amour. C'est tellement beau que cela vaut la peine de passer par une purification, car je crois que Dieu a permis la mort, qu'il ne l'a pas créée. C'est le péché qui a créé la mort. Dieu l'a permise pour qu'elle nous purifie, qu'elle nous dépouille de tout ce que nous avons d'impur et de mesquin, pour nous plonger dans une vision extraordinaire qui s'ouvre à lui et à la fraternité avec les hommes. Donc, finalement, la mort est un bien.

Puisqu'il est nécessaire de passer à travers la mort, et qu'elle est une réalité terrible, il nous faut bien nous préparer, en remerciant Dieu de bien vouloir nous appeler à lui à travers la mort, et en demandant jour après jour à la Vierge Marie d'être à nos côtés à ce moment-là. C'est pour cela que, maintenant, la mort fait chanter mon âme. Je chante parce que je vais vers lui.

IV

La prière

La prière est le dialogue avec Dieu, notre Père. Pour chacun, il est important de trouver des espaces dédiés à la prière, au dialogue avec Dieu. De la même manière que l'on apprend à parler lorsqu'on est petit, on doit apprendre à parler avec Dieu. Pour y parvenir, il faut s'entraîner chaque jour. Le dialogue avec Dieu n'est pas réservé aux religieux et aux religieuses, mais chacun a la possibilité de s'adresser au Tout-Puissant pour lui parler et pour l'écouter. Sœur Emmanuelle nous aide à dépasser les difficultés que nous rencontrons et qui nous découragent souvent. Son premier conseil est de nous donner une règle et de la suivre constamment. Puis elle nous indique à qui adresser nos prières, en nous expliquant les premières que nous avons apprises durant notre enfance : le Notre Père *et le* Je vous salue Marie.

La manière de prier n'est pas toujours la même, elle évolue au cours de la vie et, au fur et à mesure que les années passent, elle se simplifie beaucoup. Quand j'étais jeune, j'aimais les belles prières mystiques. On est transporté par ces prières et, au moment où on les fait, on se sent consolé, heureux de prier et d'être avec Dieu. On est aussi content de soi parce qu'on a l'impression de bien prier et que notre âme est remplie de choses belles et bonnes. À un certain moment de la vie, il peut nous arriver de traverser une période durant laquelle on ressent une certaine aridité : la prière n'apporte plus de consolations, on s'ennuie en priant, on essaye d'écourter le temps consacré à la prière. Cela m'est arrivé à moi aussi. Notre Règle prévoit en effet une demi-heure de prière le matin et une demi-heure le soir, et quelquefois cela me semblait trop.

Et finalement, je suis arrivée à la troisième étape, celle de la prière du pauvre. On commence à se rendre compte que la prière devient quelque chose de vrai quand on se trouve devant Dieu dans toute notre nudité, notre faiblesse, notre impuissance, avec les distractions qui sont les nôtres. La prière devient quelque chose de vrai ; chaque être humain en effet a ses propres limites, plus ou moins grandes, selon sa propre condition et la période de la vie qu'il traverse. Dans la vieillesse, nous sommes obligés de voir nos limites, nous les touchons du doigt ; je crois que nous sommes alors plus proches de Dieu, parce que, on le voit bien dans toute la Bible, Dieu se penche avec prédilection sur l'être faible, sur l'être sans défense qui crie vers lui en demandant de l'aide. On se rapproche à ce moment-là de la prière du Christ sur la croix, qui peut être considérée comme l'apogée de la prière qu'il adresse au Père : « Mon Dieu, mon Dieu, pourquoi m'as-tu abandonné ?[1] »

Dans l'Évangile, nous voyons que Jésus prie Dieu en l'appelant « Abba ». *Abba*, en araméen, est un mot très simple que l'enfant utilise pour appeler son père. Un jour où je me trouvais sur les rives du Jourdain – c'était l'été, le fleuve coulait tranquillement et des gens se baignaient –, je vis un enfant sur le rivage qui voulait sauter dans l'eau, mais qui avait peur. Alors il s'est mis à crier : « Abba ! Abba ! » et son père est arrivé immédiatement, lui a tendu les bras et l'enfant s'est jeté à l'eau dans les bras de son papa. Je n'ai jamais oublié ce moment, avant tout parce que je me trouvais au bord du Jourdain, et puis à cause de ce cri : « Abba ! », suivi de l'arrivée immédiate du père. C'est devenu pour moi un symbole de la prière et de la vie spirituelle. On est sur terre et on a peur, on a peur de l'eau, on a peur de la vie et on crie, on crie : « Abba ! Papa ! » C'est le cri de la confiance. C'est un terme affectueux qui signifie : « Mon cher papa. » Mais pour arriver à prier ainsi, on doit traverser des moments d'épreuve, quand la prière ne semble plus avoir de goût, quand on ne sait plus bien à quoi elle sert, puisque, évidemment, Dieu ne nous répond pas de manière sensible. Et alors, quand on en arrive à ce point, où l'on se demande à quoi cela sert de prier, on peut dire : « Tu es mon papa, aide-moi. »

---

1. Mt 27,46 ; Mc 15,34.

C'est à ce moment qu'entre Dieu et l'homme advient une sorte de symbiose, c'est-à-dire une union intime et très profonde. Car nous sommes obligés de sentir que nous sommes des êtres humains. Le vieux rêve de devenir Dieu – présent chez l'homme depuis le commencement du monde, comme on le lit dans la Bible – est une tentation qui nous touche tous, et que le serpent siffle à nos oreilles. Tout le monde est passé par la tentation de devenir comme Dieu, c'est-à-dire de prendre sa propre vie en main, de ne pas avoir besoin de Dieu parce qu'on se sent assez fort. Mais pour prier efficacement, il faut une base de vérité. La vérité la plus profonde que l'on puisse connaître sur soi, c'est notre totale impuissance. Même si notre prière part de ce cri : « Abba, Papa ! J'ai peur, je n'y arrive pas, viens m'aider ! », cela ne se passera pas comme pour l'enfant sur la rive du Jourdain qui voit arriver immédiatement son père qui le serre dans ses bras. Cela ne se passera pas pour nous d'une manière sensible. Cela se fera pourtant d'une manière plus forte que dans la vie sensible, d'une manière plus durable, éternelle, non passagère, parce qu'il s'agit d'une relation, d'un lien avec le Dieu tout-puissant, créateur du ciel et de la terre, de l'univers visible et invisible. Quand ce lien part d'un cœur de pauvre, il acquiert une force incroyable. Aujourd'hui, ma prière est devenue quelque chose d'extrêmement simple.

« Notre Père »

Notre Père. La vraie prière ne dit pas « Je » mais « Nous » ; non pas « Mon Père », mais « Notre Père ». Le Fils nous l'a enseignée. Afin que nous, qui sommes des membres vivants d'une humanité vivante mais blessée, maltraitée, avilie – qui fait de la femme un objet de plaisir, de l'homme un esclave qui peut être tué et qui peut réduire des enfants à l'état de petits soldats –, nous soyons des membres sensibles de cette humanité. Alors, on commence en disant : « Notre Père. » Je fais partie de ce pauvre monde de pécheurs, mais aussi de grandeur, et je m'adresse à lui, parce que sans lui je ne peux même pas respirer. C'est lui qui est ma source, et je vais donc simplement vers ma source, et j'y vais parce que je ne suis pas digne d'être appelée son enfant. Comme l'a fait le fils prodigue, je lui dis : « Traite-moi comme l'un de tes serviteurs[2]. » Mais comme pour ce dernier, le père ordonne que l'on me mette un vêtement neuf et l'anneau au doigt. « Venez, faisons la fête, parce que mon fils que je croyais mort est revenu, il est vivant[3]. » Ainsi, nous sortons de notre monde, de notre bassesse, de notre incapacité, pour lui dire simplement : « Père, je ne suis pas digne », notre Père.

Le *Pater* comporte deux parties très simples. Dans la première, on cherche la gloire de Dieu, dont les Psaumes sont remplis – quand nous disons : « Je ne sais

---

2. Lc 15,19.
3. Lc 15,23-24.

pas prier », nous pouvons prendre un psaume, n'importe lequel, parce que tous les psaumes sont « savoureux ».

Notre Père *qui es aux cieux* : notre regard peut s'élever vers le ciel.

Que ton nom soit sanctifié. Que nous, pauvres hommes et pauvres femmes, nous sachions reconnaître le Dieu trois fois saint, Père, Fils et Esprit ; mais nous, nous ne sommes rien, et n'étant rien nous sommes tout, parce que le rien aussi vient de Dieu. Nous attendons que son nom soit reconnu à travers le monde comme le seul nom qui unifie, qui porte, qu'il soit reconnu comme celui qui est au-delà de tout. « Tu es l'au-delà de tout », disait saint Grégoire de Nazianze.

Que ton règne vienne. Que le règne de Dieu vienne dans notre cœur. Pourquoi dans la Communauté de Sant'Egidio êtes-vous ensemble dans la joie et dans l'harmonie ? Parce que vous ne pensez pas à votre règne personnel. Nous ne voulons plus régner sur les choses, les posséder, les prendre dans nos mains pour en jouir, comme le faisait Frédéric de Prusse, d'après Voltaire : « Il presse le citron et il le jette », disait-il. Presser signifie que l'on prend ce qu'il y a de bon dans chaque chose et puis qu'on la jette. Que Dieu soit vraiment le roi de mon cœur. Le roi qui domine tout, le roi du monde, celui qui est derrière tout ce qui est bon.

Nous le disons avec douceur, même si nous nous laissons distraire. Mais ce n'est pas important, parce que du fond du cœur c'est le pauvre qui appelle, toujours plus, son père bien-aimé. Le roi de tous ceux qui le prient, le roi du monde. Puis nous restons quelques instants en silence, et même si nous nous laissons un peu distraire, cela n'a pas d'importance.

Que ta volonté soit faite. Ta volonté, non la mienne. Ce n'est pas toujours une prière facile que celle-là, parce que Dieu nous demande de ne pas refuser les événements, pas plus ceux qui donnent de la joie que ceux qui nous font souffrir. Je me souviens d'un sermon où le prêtre disait : « Quelle est la bonne voie, la vraie ? C'est simplement celle qui nous fait choisir une seconde voie à côté de la première. » Même dans les pires événements que Dieu permet se trouve quelque chose de bon. Cela ne nous apparaît pas toujours clairement, mais nous devons l'accepter ; et le faire avec cette seconde voie de notre volonté, à côté de la volonté de Dieu, qui laisse les événements se dérouler, puisqu'il ne nous a pas créés comme des robots, mais comme des hommes libres. Nous avons donc autour de nous des personnes qui sont libres de nous faire souffrir. Puis il y a les événements de la vie, la maladie et la mort. Nous devons simplement mettre la seconde voie de sa volonté à côté de ce qui arrive et nous y soumettre.

Seigneur, fais que je l'accepte, que ta volonté soit faite. Les événements m'aident à marcher plus près de toi ; et à travers le monde, les violences, les crises, les massacres, les pleurs, les larmes de tant de gens, à travers tout cela, que ta volonté qui veut le bien puisse descendre à l'intérieur du mal pour le transformer. La mort du Christ était le plus grand mal possible, le mal suprême, et c'est pourtant à travers elle que sont arrivés le salut et la rédemption pour tout homme et toute femme sur la terre. À travers toutes les douleurs du monde, le Christ reste le grand rédempteur, pour que nous puissions nous unir à lui, car c'est lui qui sauve le monde par notre intermédiaire. Sa volonté de sauver le monde se réalise même à travers les pires événements.

Sur la terre comme au ciel. Dans le ciel, les anges et les saints, unis à la Vierge, respirent la volonté de Dieu, car ils sont plongés dans l'amour du Seigneur. C'est à travers l'amour que Dieu est glorifié. Il existe sur notre pauvre terre un reflet de cet amour et, si la dimension de l'amour grandit comme dans le ciel, il y aura toujours plus de lieux où vivre l'amour. C'est cela, la prière, c'est simple. On se tait de nouveau, on reste en silence, et on est déjà un peu au ciel, on chante avec les anges, avec les saints, avec la Vierge, avec le Christ.

Et voici la seconde partie :

Donne-nous aujourd'hui notre pain de ce jour. Le pain du cœur. Tant de gens meurent de solitude, de tristesse, tant de gens ne sont pas assez aimés, depuis les enfants jusqu'aux personnes âgées qui meurent seules. Demandons à Dieu de nous donner le pain, de nous faire trouver autour de nous des personnes qui donnent le pain de l'amour, qui s'intéressent à nous, avec lesquelles nous puissions marcher main dans la main. Le pain quotidien, le pain du cœur, mais aussi le pain de l'intelligence. Sur terre, nous ne comprenons pas grand-chose, même si, avec notre éducation, notre instruction, nos écoles et nos universités, nous voudrions tout comprendre. Nous coupons les cheveux en quatre, nous nous battons contre des moulins à vent, comme don Quichotte, et nous nous demandons pourquoi les choses se passent d'une manière et non d'une autre, et pourquoi, pourquoi, et encore pourquoi. Et pourquoi Dieu le permet-il ? Et le mal, la souffrance, pourquoi existent-ils ? On veut toujours tout comprendre, on essaye de tout rationaliser.

Donne-nous le pain de l'intelligence. Seigneur, fais-nous comprendre que la terre et l'évolution de la planète sont bien faites, avec tout ce qui arrive, les vents, les marées, les tremblements de terre, les volcans ; il existe des raisons géologiques à tous ces événements et nous devons avoir l'intelligence de ne pas construire notre maison à côté d'un volcan. Je me trouvais aux Philippines au moment de l'éruption du volcan Pinatubo. Les personnes sont retournées s'installer à l'endroit où elles vivaient, là où le volcan avait détruit leurs maisons et ravagé la végétation. Mais les gens revenaient parce que après une éruption volcanique, la terre devient beaucoup plus fertile. Ils savaient pourtant que la tragédie pouvait se répéter. Donne-nous le pain de l'intelligence pour comprendre où et comment vivre sur la terre. Le pain qui nourrit notre volonté, nos forces. Nous sommes assez forts pour mener notre vie et aider les autres à vivre la leur.

Pardonne-nous nos offenses comme nous pardonnons aussi à ceux qui nous ont offensés. Le mot

« comme » a une valeur très forte dans l'Évangile. « Comme le Père m'a aimé, moi aussi je vous ai aimés[4] » ; « Aimez-vous les uns les autres comme je vous ai aimés[5]. » Nous avons une possibilité incroyable : la possibilité que Dieu pardonne tous nos péchés, simplement si nous pardonnons aux autres les blessures, le mal qu'ils nous ont fait, en disant au Seigneur : « Je veux pardonner même si je ressens encore la blessure. » Comme disait le père Ratisbonne, offrez à Dieu la souffrance qui vous a été faite et dites : « Seigneur, je t'offre cette souffrance pour lui, afin que tu lui pardonnes le mal qu'il m'a fait. » C'est un acte volontaire, mais on ne peut pas supprimer la trace de la blessure avec la volonté ; c'est comme quand on a une plaie ouverte, on ne peut pas nier le fait qu'on en souffre pendant un certain temps. Mais, même dans la souffrance, nous pouvons dire au Seigneur que nous la lui offrons pour le salut de celui qui l'a causée. Je lui pardonne, Seigneur, et toi, pardonne-moi comme j'ai pardonné. Je lui pardonne, avec ma volonté, et je dirai du bien de lui, je ne raconterai pas ce qu'il m'a fait, au contraire, je ne ferai que bien parler de lui et prier pour lui.

C'est extraordinaire : après cette prière, c'est comme si on avait passé un coup d'éponge sur ce que nous avons fait de mal dans notre vie. Dieu ne s'en occupe plus, c'est fini. Alors, Seigneur, pardonne-nous

4. Jn 15,9.
5. Jn 15,12.

comme nous pardonnons. Tout cela se fait très doucement, les choses passées peuvent revenir dans notre cœur et susciter en nous encore un peu de colère, et même un désir de vengeance. Il n'est pas nécessaire d'être transportés par l'amour, la volonté suffit.

Et ne nous soumets pas à la tentation. Seigneur, aie pitié. Et je pense alors à tel ou tel de mes amis qui sont sur le point de divorcer, qui n'arrivent plus à se supporter l'un l'autre. Aide-nous à dépasser les tentations, à être fidèles, à nous aimer malgré nos faiblesses. Père, viens vite à notre aide.

Mais délivre-nous du mal. Pauvre humanité. Nous pensons à tout le mal que nous voyons autour de nous, et dont nous entendons parler à la radio et à la télévision. Je vais souvent dans les prisons et j'ai reçu beaucoup de confidences, même de gens qui avaient tué. J'ai rencontré des personnes qui se sont transformées et qui ont demandé pardon à Dieu. Délivre-nous du mal et de ses conséquences. Et nous pouvons énumérer tout ce qui pèse sur notre cœur et tout ce que nous voyons et écoutons autour de nous.

C'est la prière du pauvre. Nous ne savons pas prier, nous ne savons pas vivre, c'est pourquoi nous supplions le Seigneur de nous aider. Père !

« Ave Maria »

Le second recours est à la Vierge Marie. Dans ma vie, elle a toujours été mon étoile. Comme le dit saint Bernard : « Si ta barque est submergée par les eaux, si la tempête de ton cœur est si forte autour de toi qu'elle t'empêche de voir les étoiles, appelle Marie et ta barque ne coulera pas. »

À quatre-vingt-seize ans, je peux dire que ma barque a été secouée plus d'une fois et qu'elle a été sur le point de couler. J'avais perdu courage, mais chaque fois j'ai eu recours à Dieu, par l'intercession de la Vierge, et chaque fois les choses ont changé et la tentation a disparu ; ou alors la personne qui en était la cause n'était plus là. Je suis sûre que cela arrivait parce que ma prière était adressée à la Vierge Marie. La prière la plus belle est l'*Ave Maria*. C'est la plus belle et la plus simple, la plus facile.

Ave, ô Maria. Je te salue, Marie ! C'est le *shalom*. Le salut de l'ange envoyé sur la terre par Dieu à Marie. *Pleine de grâce*. Le texte grec dit : « Réjouis-toi, ô Marie, parce que tu es pleine de grâce. » On oublie alors un peu la terre, ses difficultés, ses souffrances, et notre regard va plus haut. Le ciel semble s'ouvrir et la Vierge est là, belle, sainte, pure et pleine d'amour pour Dieu et pour moi, puisque le Christ m'a confiée à sa mère avant de mourir. Quand Jésus était sur le point de mourir et que sa mère et l'apôtre Jean se tenaient auprès de lui, il dit à ce dernier : « Voici ta mère », et il dit à Marie : « Voici ton fils » ; et l'Évangile ajoute : « Dès cette heure-là, le disciple l'accueillit chez lui[6]. » Les Pères de l'Église disent que Jésus, en confiant Jean à Marie, lui a confié toute

---

6. Jn 19,27.

l'humanité, pour le salut de laquelle il est mort. Il voulait que sa mère participe avec lui au salut du monde, comme elle le pourrait. Depuis cet instant, elle a pris soin de tout être humain – et donc aussi de moi qui lui adresse cette prière – comme une mère prend soin de son propre enfant.

Réjouis-toi, Marie, pleine de grâce et d'amour ! Réjouis-toi pour l'éternité. Car *le Seigneur est avec toi*. En ce moment. Même si je ne sens pas que le Seigneur est avec moi, peu importe. Dieu est avec Marie, la Trinité, le Père, le Fils et le Saint-Esprit. Parce qu'elle est la fille préférée du Père, la mère du Fils et l'épouse pure et sainte de l'Esprit. *Tu es bénie entre toutes les femmes*. Tu es bénie entre toutes les femmes, même les femmes les plus saintes. Tu es encore plus bénie que tous les êtres bénis. *Et Jésus le fruit de tes entrailles est béni*. Bénir, c'est dire du bien, vouloir du bien et donner du bien. La bénédiction n'est plongée que dans l'amour, dans la joie et la félicité. *Sainte Marie*, tu es la *Mère de Dieu,* parce que tu es la Mère du Fils de Dieu fait homme. Donc, tu peux tout. *Prie pour nous, pécheurs*. Prie pour moi, pour toute l'humanité, *maintenant et à l'heure de notre mort*, viens à nos côtés. Je n'ai pas peur de la mort, parce que je sais que tu seras auprès de moi.

Cette prière est très simple. Et quand tu penses ne pas savoir prier, c'est alors la meilleure prière. Quand tu ne sais pas prier, prends Marie avec toi et ta prière deviendra quelque chose de merveilleux.

Se donner une règle

Le curé d'Ars – un saint canonisé au siècle dernier – est entré un jour dans une église et a vu un homme assis qui restait là, à regarder le tabernacle, pendant des heures. À un moment, il s'approcha et lui demanda : « Est-ce que tu pries, mon ami ? – Oui, lui répondit-il. Je l'avise et il m'avise. » « Aviser », cela signifie regarder quelqu'un et lui faire savoir quelque chose, cela signifie « prévenir ». Il lui dit : « Je suis là et je l'avise, et lui me fait savoir ce qui va bien et ce qui ne va pas bien. C'est cela ma prière. » Je laisse ma vie se dérouler tout simplement devant lui. Il prend ma vie dans son cœur et dans ses mains, et il me remplit d'amour et de force. Prier est un choix dicté par la foi.

Je crois en Dieu : je ne le sens pas, je ne le vois pas, je ne le touche pas, mais je sais, parce que j'y crois, que Dieu est là, surtout dans l'eucharistie. Si je peux entrer dans une église et me prosterner, je l'avise et il m'avise. Plus la prière est simple et plus elle est celle du pauvre, qui ne sait pas prier. Mais c'est à ce moment-là que l'on entre en contact avec Dieu, comme quand on met le contact pour recevoir l'électricité. Seigneur, je ne sais pas prier, je suis devant toi dans toute ma pauvreté. C'est là l'essentiel de la prière, être pauvres devant Dieu. Nous savons qu'il est mort pour nous, pour moi, et je me confie donc à lui et aux bras de la Vierge Marie. Amen. Alléluia !

Il arrive que l'on se mette à prier puis que l'on s'ennuie et que l'on n'ait rien à dire. Quand il semble que le Seigneur n'est pas là, deux attitudes sont possibles. On peut dire : « Je ne sais pas prier, je suis en train de perdre mon temps, je ferais mieux d'aller rendre visite à un malade. » Ou alors, on peut faire autrement, et croire que, même si l'on ne prie pas bien, en restant devant Dieu dans sa propre impuissance, on fait tout de même une bonne prière. C'est une question de patience, et si on a du courage, on va de l'avant. Nous, religieuses, nous avons des moments de prière au cours de la journée. Le matin de neuf heures à neuf heures et demie, je fais méditation. Et nous pouvons tous consacrer un peu de temps à la prière. Nous ne pouvons peut-être pas prendre une demi-heure tous les jours pour prier : prenons alors quinze minutes, cinq minutes… Mais quand on se décide, il faut le faire. Il est important de se donner une règle.

Par ailleurs, si nous ressentons une impression de vide en nous, il y a toujours l'Évangile à lire. Ma maîtresse des novices disait : « Quand vous n'arrivez pas à prier, prenez l'Évangile et lisez-le doucement et lentement. Essayez de vous imaginer la scène. Comme le dit saint Ignace, faisons comme si nous étions aux côtés de Jésus, à Nazareth, à Bethléem, aux pieds de la croix, ou en chemin avec lui, écoutons-le. Puis on reprend le texte, ce qui évite qu'il n'y ait que des idées dans la tête et que la prière soit absente. On le lit et on choisit le passage de l'Évangile qui parle le plus à notre cœur. » Il y a aussi des livres sur la vie et l'œuvre des saints qui nous aident. Je les lis et les relis. Je prends une page que j'ai annotée, je choisis les lignes qui me paraissent parler le mieux de leur vie, je les relis lentement. Je me contente de remercier Dieu de nous avoir donné un saint François, une petite Bernadette qui ne savait ni lire ni écrire et ne connaissait que le rosaire comme prière. Mais à ces âmes si claires, transparentes et limpides, des grâces extraordinaires ont été données. Je n'ai pas les mêmes, mais je peux remercier qu'il existe sur la terre des hommes et des femmes qui vivent seulement d'amour. Je lis quelques lignes, je m'arrête, je les savoure, je rends gloire à Dieu et je continue.

Les Psaumes. Il faut toujours avoir dans les mains quelque chose qui nous aide, qui nous empêche de nous décourager dans la prière. Pour cela, il y a les Psaumes, où l'on crie vers Dieu quand on n'en peut plus. « Des profondeurs je crie vers toi, Seigneur, écoute mon appel[7]. » Grâce aux paroles des Psaumes, nous possédons le texte d'une prière qui est celle des hommes depuis des siècles, depuis des milliers d'années. Chaque jour, les hommes, les juifs, les chrétiens, les catholiques, les protestants et les orthodoxes, prient avec les Psaumes. Il faut toujours que nous accrochions notre esprit à l'une ou l'autre parole qui nous semble la plus belle.

Il y a aussi la *Via crucis*, les stations du *Chemin de croix* commentées. Tous ces moyens nous viennent en aide. Mais quand on n'en a pas envie, quand la prière nous ennuie, quand on a l'impression que Dieu n'est

1. Cf. Ps 130 (129),1-2.

pas présent, si l'on est capable de rester simplement là en disant : « Seigneur, je suis avec toi, je ne sais pas prier », c'est la chose la plus difficile mais la meilleure, parce qu'on reste dans notre propre impuissance et qu'on l'offre à Dieu. François d'Assise, une nuit de Noël, disait : « Seigneur, je n'ai rien à t'offrir, je suis ici devant toi. » Et il lui a semblé que le Seigneur lui répondait : « François, donne-moi tes péchés. »

C'est bien d'avoir avec soi quelques prières que l'on aime, qui parlent à notre âme. Chacun devrait avoir un texte spirituel qu'il préfère. J'ai toujours avec moi le livre de *L'imitation de Jésus-Christ* et je le lis souvent. Cette œuvre n'est peut-être pas à la mode aujourd'hui, mais nous pouvons certainement en trouver d'autres qui nous plaisent. Gardons-les alors à portée de la main et servons-nous-en de temps en temps pour raviver notre foi.

Nous devons surtout ne jamais nous décourager et ne jamais interrompre notre prière en disant : « Je ne sais pas prier. » Au contraire, c'est le moment de rester encore plus en silence dans notre pauvreté, avec nos distractions, notre ennui – cela ne fait rien –, mais en demeurant devant Dieu, tranquillement, doucement.

V

L'amitié avec la Communauté de Sant'Egidio

L'amitié entre la Communauté de Sant'Egidio et Sœur Emmanuelle est née autour de l'amour pour les pauvres, vécu concrètement, et autour du dialogue œcuménique et interreligieux.

La première entrevue a eu lieu à Assise, dans le cadre de la rencontre interreligieuse pour la paix que la Communauté organise chaque année depuis 1986, date à laquelle Jean-Paul II avait réuni dans la ville d'Ombrie des représentants de toutes les religions du monde afin de prier pour la paix. C'était en 1994, et son témoignage poignant, proclamé depuis la scène, le dernier jour, frappa beaucoup les gens.

Pour beaucoup d'entre nous, notre amitié avec Sœur Emmanuelle s'est approfondie au cours des années, en particulier pour Andrea Riccardi et Mgr Vincenzo Paglia. Au cours de ses visites à Rome, Sœur Emmanuelle a toujours donné la priorité à la prière de la Communauté à Sainte-Marie du Trastevere. Elle partage avec nous la passion pour le dialogue œcuménique et interreligieux et les efforts pour créer un monde de paix ; sa participation constante aux rencontres interreligieuses pour la paix que nous avons organisées est un signe de cette vision des choses. Sa compréhension profonde de l'esprit de la Communauté ressort de ses paroles, qui évoquent tant de moments vécus ensemble et une connaissance simple et véritable, témoignage d'une amitié fidèle.

En 1997, dans un livre dédié aux jeunes[1]*, Sœur Emmanuelle écrivait un chapitre sur la Communauté. Elle retraçait ses premiers pas, au milieu de jeunes étudiants, jusqu'aux pourparlers qui ont amené la Communauté à devenir médiatrice de paix au Mozambique et aux rencontres pour le dialogue interreligieux. Elle s'interrogeait sur le courage de s'engager dans des initiatives difficiles, sans se laisser abuser par de la fausse prudence. Au fil des ans, sa connaissance de la Communauté s'est approfondie et son amitié fidèle et affectueuse l'a poussée à écrire, sur la proposition d'Andrea, ces pages de sagesse, comme un précieux cadeau pour ses amis romains.*

Différents aspects de la Communauté de Sant' Egidio m'ont frappée, depuis que je la connais. La première fois que je suis allée au repas du soir pour les pauvres, j'ai été touchée par la simplicité et le respect

---

1. Sœur Emmanuelle, Françoise Huart, *« Yalla » : en avant, les jeunes !*, *op. cit.*, p. 127-138.

avec lesquels les personnes de la Communauté servaient ces derniers : chacun était traité comme un frère.

Je me suis rendue ensuite à la prière du soir qui a lieu chaque jour à Sainte-Marie du Trastevere. J'ai vu beaucoup de jeunes qui priaient et chantaient, et les paroles d'Andrea m'ont profondément touchée. Je me suis dit : « C'est un mouvement authentique ! Quand on met la prière à la base de tout, l'activité acquiert plus de force. On ne se décourage jamais parce que Dieu est la source. »

En troisième lieu, j'ai trouvé extraordinaires les efforts de la Communauté en faveur de la paix dans le monde. J'entends encore Andrea me raconter ce que la Communauté a fait au Mozambique. Ils ont fait venir à Rome les deux factions en guerre, les ennemis. Au début chacun avait sa table, ils ne se regardaient pas en face, mais les membres de la Communauté n'ont pas accepté que les choses en restent là. Un jour, ils leur ont proposé de prendre un café ensemble. Andrea m'a expliqué qu'il essaye toujours de faire se rencontrer les gens de manière simple. Prendre un café ensemble, c'est une chose simple, et cela dure peu, à peine quelques minutes. Ainsi, à travers des choses simples, on apprend aux personnes à se comprendre et à saisir le point de vue de l'autre. Il me semble que cette politique basée sur une amitié réelle et chaleureuse est la meilleure.

Quand j'ai su que la Communauté tentait de faire se rapprocher les ennemis en Algérie, je me suis dit :

« Mon Dieu ! C'est vraiment impossible. » Andrea m'a expliqué qu'il savait bien que l'entreprise serait très ardue, parce que les difficultés avaient des racines profondes et que la Communauté était de plus très critiquée pour son action de médiation. Lui se disait : « Ça ne fait rien ; même si nous n'atteignons pas le résultat espéré, nous aurons au moins fait avancer les choses. »

Il ne faut jamais refuser de rechercher la paix en disant que cela ne sert à rien ; jamais, parce que même si l'on ne parvient pas à la paix, on plante au moins des jalons. Cela signifie que l'on fait des pas qui font tout de même avancer la situation.

La quatrième chose qui m'a frappée a été ma visite dans une maison de la Communauté accueillant des personnes âgées. J'ai vu la manière avec laquelle les personnes de Sant'Egidio s'adressaient aux femmes pauvres, malades et âgées – je me souviens que l'une d'elles ne pouvait plus marcher et qu'une autre n'avait plus toute sa tête –, avec la même simplicité, la même tendresse, la même affection, que celles d'un enfant pour sa propre mère. Et je me suis dit que c'était vraiment une belle chose. Pour moi, en effet, le plus important est d'unir le ciel et la terre. C'est fondamental. Il y a les contemplatifs, qui doivent surtout prier, parce que leur vocation est d'essayer d'unir le ciel et la terre à travers la prière. Puis il y a les actifs, qui ne sont pas toujours très croyants et qui agissent. Je les respecte, mais mon idéal est d'unir la prière et l'action. Ce que j'aime beaucoup dans la Communauté de Sant'Egidio, c'est qu'ils unissent une vie spirituelle vraie, authentique et profonde à une action très bien organisée, intelligente et universelle. En effet, la Communauté n'est pas restée seulement en Italie, elle s'est rendue en Afrique et en bien d'autres parties du monde.

On y sent une Église vivante. Cela me fait très plaisir de voir comment le pape Jean-Paul II s'est intéressé à la Communauté. Andrea m'a raconté qu'au début, le clergé ne les regardait pas avec bienveillance et ne comprenait pas bien leurs activités. Mais la Communauté a continué à travailler tranquillement. Elle avait une école maternelle et le pape est venu un jour visiter la paroisse du quartier où ils se trouvaient. Ils ont alors cherché à le rencontrer pour lui parler. Quand il est passé devant l'école, ils l'ont appelé et il s'est arrêté pour les écouter. Il est entré, il a regardé ce qu'ils faisaient et s'est montré très admiratif. Depuis ce jour, la Communauté est un peu entrée au Vatican, et cela a été un bien parce que cela a permis au pape d'approcher des pauvres. Il ne pouvait pas aller partout et, grâce à l'action de la Communauté, Jean-Paul II a mieux compris combien la solidarité concrète, effective, était nécessaire dans l'Église. Cette compréhension réciproque entre Jean-Paul II et la Communauté de Sant'Egidio a été une richesse pour l'Église.

Partout, je dis aux jeunes et aux moins jeunes qu'il existe un mouvement qui a commencé en 1968 avec dix jeunes et qui, aujourd'hui, en 2005, compte plus de cinquante mille personnes, parmi lesquelles on trouve une majorité de jeunes. Les jeunes d'aujourd'hui sont fantastiques, ils font des choses merveilleuses : il suffit de les motiver. La Communauté de Sant'Egidio en est une preuve, avec les autres communautés charismatiques, comme l'Emmanuel, que j'aime beaucoup. Il faut présenter aux jeunes un vrai discours, de solidarité et de spiritualité.

Nous nous sommes immédiatement compris, parce que, selon moi, l'amour pour les pauvres est le cœur du christianisme. Albert Gelin, dans un livre que j'aime beaucoup, *Les pauvres de Yahvé*[2], explique comment le respect et l'amour pour les pauvres, que Dieu aime particulièrement, sont le sens même du christianisme. Il commence en montrant, à travers toute la Bible, combien les prophètes ont toujours été de grands défenseurs des pauvres et il arrive au *Magnificat* de la Vierge Marie, avec le Christ, qui est le soleil merveilleux, qui nous montre comment Dieu se penche avec prédilection sur les pauvres.

J'ai trouvé tout cela dans la Communauté de Sant'Egidio. J'ai compris que, pour la Communauté aussi, la source et le comble de l'action se trouvent dans une solidarité concrète, vécue à la fois de manière matérielle et spirituelle : la Communauté s'intéresse aux hommes en tant qu'enfants de Dieu et, en même temps, en tant que frères à qui apporter de l'aide.

---

2. Albert Gelin, *Les pauvres de Yahvé*, Paris, Cerf, 1961.

Comme dans ma vie je m'intéresse surtout à l'enfance déshéritée, je me suis dit : « La Communauté de Sant'Egidio et moi, nous avons le même souffle. » Il s'agit de l'amour, un amour spécial que l'on éprouve pour celui qui, sur la terre, quelle que soit sa culture, sa religion, la couleur de sa peau, est l'homme le plus abandonné ; c'est vers lui que la Communauté dirige son activité. Pour moi, c'est la même chose. J'étais toujours là où se trouvait l'homme le plus misérable, celui qui avait le plus grand besoin d'être aimé, à travers et malgré cette misère que les autres méprisaient. C'est dans cet amour de Dieu et des frères pauvres que je vois que nous sommes porteurs de la même vision et du même message.

J'ai été très frappée de constater combien sont présents chez Andrea Riccardi de multiples aspects, qui ne sont pas contradictoires mais que l'on ne trouve pas souvent de manière aussi développée en un seul individu. Je veux dire qu'il est un intellectuel à cent pour cent, professeur d'université, habitué à réfléchir, à chercher les causes des problèmes et à les expliquer, mais qu'il ne reste pas dans le domaine intellectuel. Quand il parle des hommes d'aujourd'hui, on voit immédiatement qu'il sait s'adapter aux circonstances, aux événements, qu'il a une pensée extrêmement forte, et je crois que sa connaissance de l'Évangile et de la Bible en est la cause. On sent que c'est un homme biblique. L'homme biblique, comme dit Albert Gelin, est toujours un homme simple, et non quelqu'un qui se complaît dans les idées. C'est un homme qui sait vivre jour après jour avec Dieu, et aussi avec les problèmes concrets que rencontre chaque jour l'homme d'aujourd'hui. Andrea allie l'idée, la foi et l'action. Son action s'adresse toujours à celui qui en a le plus besoin, qui est abandonné, et que nous devons aimer d'un amour intelligent.

Il existe de nombreuses manières d'aimer et Andrea a pu susciter dans la Communauté de Sant'Egidio un regard plein de tendresse pour l'autre, pour le frère, la sœur, le fils, la fille, et pour celui qui souffre ; mais il ajoute à la tendresse quelque chose d'efficace, pour aider l'autre de manière concrète. Il unit la foi et l'action.

Partout où passe la Communauté de Sant'Egidio, on reconnaît le regard d'Andrea qui désire soulager les besoins et les souffrances de l'homme. C'est pour cela que la Communauté est dans la ligne de Jean-Paul II, de sa foi et de son action, qui possèdent une grande vigueur et une grande puissance.

C'est cela l'Église d'aujourd'hui. Je ne suis pas d'accord avec ceux qui disent que l'Église compte moins de membres parce qu'il y a moins de monde à la messe : c'est vrai, c'est un fait. Au siècle dernier, tout le monde allait à l'église, mais on le faisait parce que c'était la coutume. En réalité, peu de gens avaient vraiment une foi vive et solide. Aujourd'hui, ceux qui vont à l'église, même s'ils sont moins nombreux, le font en conscience et avec le désir de mettre en pratique ce qu'ils entendent.

Je crois que la Communauté de Sant'Egidio est un exemple de cette Église militante et vivante.

Dieu est vraiment toujours plus présent dans notre monde avec son esprit d'amour et de lumière.

VI

Le dialogue œcuménique et interreligieux

Le dialogue œcuménique et interreligieux n'est pas seulement réservé aux spécialistes et aux théologiens. En de multiples circonstances, on peut trouver la possibilité de faire avancer les relations entre les chrétiens et les croyants des différentes religions. Notre société globalisée nous offre souvent l'occasion d'entrer en contact avec des personnes d'une autre confession ou d'une autre religion. Que pouvait faire une petite sœur catholique dans un grand pays musulman où la majorité des chrétiens sont orthodoxes ? Pour quelle raison aurait-elle dû s'intéresser à l'œcuménisme ? Personne ne le lui avait demandé. Sa congrégation, Notre-Dame de Sion, est engagée dans le dialogue avec les juifs et elle aurait pu se contenter de cet engagement. Pourquoi chercher à connaître le patriarche orthodoxe et devenir l'amie des musulmans ?

Durant toute sa vie, Sœur Emmanuelle s'est intéressée aux rapports entre les chrétiens et les fidèles des autres religions et elle s'est engagée continuellement pour les faire avancer. De nombreux amis, orthodoxes, juifs et musulmans peuvent en témoigner.

Dans l'Église d'aujourd'hui, le dialogue œcuménique a pris une force extraordinaire. Il n'y a pas si longtemps que le pape Jean-Paul II a étonné le monde entier en lançant le dialogue avec toutes les religions du monde à Assise. On n'avait jamais vu quelque chose de pareil. La Communauté de Sant'Egidio a compris qu'il fallait continuer.

Je suis très amie avec le patriarche copte orthodoxe d'Égypte, le pape Shenouda III. Quand je le vois, je me souviens toujours que la personne qui me l'avait présenté m'avait dit : « Il est très occupé, ne restez pas plus de cinq minutes. » Eh bien, Sœur Sara et moi, nous sommes restées avec lui pendant une heure, au terme de laquelle il nous a conduites dans une pièce remplie d'objets religieux, en nous disant de prendre ce que nous voulions. Il m'aime bien parce qu'il sait que j'ai beaucoup de respect pour les orthodoxes et que je pousse les jeunes à rencontrer leur patriarche. Quand je vivais en Égypte, j'accompagnais les jeunes chiffonniers orthodoxes pour aller écouter leur patriarche. Il en était très content. Pourtant, au début, quand je suis allée vivre dans les bidonvilles où habitaient beaucoup de chrétiens orthodoxes, ceux-ci avaient peur que je veuille les convertir au catholicisme. Au contraire, je les ai aidés à construire deux belles églises orthodoxes, car je trouvais que c'était une bonne façon de leur montrer que j'étais attachée à eux. Au départ, nous avions construit deux grandes salles pour la prière, une pour les chrétiens orthodoxes, l'autre pour les musulmans du bidonville. Par la suite, quand les musulmans ont construit leur mosquée, comme ils n'avaient pas d'argent pour construire le minaret, je les ai aidés à en trouver. Il me semblait en effet fondamental de montrer, à travers des actes concrets, que nous sommes frères et sœurs, enfants d'un même Dieu et, vu que Dieu nous aime tous, je n'ai pas le droit de chercher à imposer ma foi à l'autre.

Dans les pays islamiques, on ne doit pas pousser les jeunes musulmans à devenir chrétiens, parce que l'islam ordonne toute la vie de l'homme. Vouloir convertir un musulman, c'est comme déraciner un arbre. Où cet arbre ira-t-il finir ? J'ai connu des jeunes qui m'ont demandé de les aider à se faire baptiser. Cela m'est arrivé deux fois, mais j'ai refusé, parce qu'ils étaient encore très jeunes, ils n'avaient pas encore terminé leurs études, ils n'avaient pas encore commencé leur vie et ils ne se rendaient pas compte des conséquences que cela aurait pour eux. Savez-vous ce que signifie devenir chrétien dans un pays musulman ? Les chrétiens ne peuvent pas épouser de femmes musulmanes et les chrétiennes ont peur d'épouser un musulman converti parce que c'est très mal vu. Et dans les affaires ? Comment traiter avec une personne en qui l'on n'a pas confiance ? Alors je leur conseillais de suivre ce que Dieu leur demandait, surtout d'aimer les autres, de les respecter, de s'occuper des pauvres, comme le recommande aussi l'islam. Quand ils seraient devenus adultes, on en reparlerait. Je n'aurais pas fait une bonne action en les aidant, jeunes, à se convertir au christianisme. D'ailleurs, le Concile Vatican II dit que « Dieu aime tout homme qui suit sa propre conscience ».

Ma grand-mère était une Dreyfus, appartenant à une famille juive qui a beaucoup souffert. En France, on connaît bien l'« affaire Dreyfus », la condamnation pour trahison du capitaine Dreyfus, qui en fait était innocent[1]. Aussi, quand je rencontre un Dreyfus, je l'appelle « cousin » et nous plaisantons ensemble. J'ai su par un ami (qui s'appelle Dreyfus) qu'il existe à Jérusalem un centre qui recherche les origines des familles juives. Un jour, cet ami m'a invitée à dîner et, avec sa femme et lui, nous avons cherché toute la nuit à consulter des documents relatant l'origine de la famille Dreyfus. Il m'a montré un document provenant de Tel-Aviv où il est indiqué que les Dreyfus descendent d'un des plus grands biblistes du Moyen Âge. Il vivait dans la ville de Troyes et, même si à l'époque les juifs n'avaient pas le droit de vivre à l'intérieur des murs de la ville, il en obtint la permission et il prit le nom de la ville, Treyfus, qui devint par la suite Dreyfus.

1. En 1894, le capitaine Alfred Dreyfus fut accusé d'espionnage au profit de la Prusse. Au terme d'un procès qui se déroula à huis clos, il fut dégradé et condamné aux travaux forcés. Il ne fut complètement réhabilité qu'en 1906.

Quand j'ai fait la connaissance du grand rabbin Sirat, qui participe chaque année aux rencontres interreligieuses dans l'esprit d'Assise, je lui ai dit que j'aurais beaucoup aimé visiter la ville de Troyes, d'où est originaire une partie de ma famille. Il y a quelques années, on m'invita à donner une conférence à l'Institut Rachi[2]. Rachi est encore aujourd'hui une des figures les plus respectées, aussi bien dans le monde juif que dans le monde chrétien, pour ses travaux sur la Bible. J'eus ainsi l'occasion à ce moment-là de témoigner devant tous les participants de ma fierté d'être une Dreyfus et d'avoir un peu de sang d'Abraham dans les veines, si bien que je me sentais sœur des chrétiens autant que des juifs. L'évêque, qui voulait manifester son intérêt, était présent lui aussi.

Je suis très triste de voir qu'aujourd'hui encore on accomplit des actes contre les juifs, que l'on brûle des synagogues ou que l'on profane des cimetières, ou encore que des enfants sont discriminés parce qu'ils sont juifs. Cela me peine beaucoup, car tout ce qui divise les hommes est mauvais, cela va contre les enseignements du Seigneur qui est venu dans le monde pour que les hommes s'aiment les uns les autres. Au-delà des convictions religieuses, tous les hommes devraient se regarder avec amitié.

J'ai des amis dans toutes les religions, et aussi parmi les non-croyants. Je dis toujours à ces derniers :

---

2. L'Institut universitaire européen Rachi est un centre européen d'études et de recherches hébraïques qui a son siège à Troyes.

« Tu ne crois pas en Dieu, mais Dieu croit en toi, puisque je vois que tu aimes les autres, que tu leur donnes ton cœur, ton temps, ton argent. Tu es donc un enfant de Dieu, que tu y croies ou non. » Dans l'Évangile, c'est très clair, il n'y a qu'à voir comment Jésus parle du Jugement dernier, au chapitre 25 de l'évangile de Matthieu : « Quand le Fils de l'homme viendra dans sa gloire, escorté de tous les anges, alors il prendra place sur son trône de gloire. Devant lui seront rassemblées toutes les nations, et il séparera les gens les uns des autres, tout comme le berger sépare les brebis des boucs. Il placera les brebis à sa droite, et les boucs à sa gauche. Alors le Seigneur dira à ceux de droite : "Venez les bénis de mon Père, recevez en héritage le Royaume qui vous a été préparé depuis la fondation du monde. Car j'ai eu faim et vous m'avez donné à manger, j'ai eu soif et vous m'avez donné à boire, j'étais un étranger et vous m'avez accueilli, nu et vous m'avez vêtu, malade et vous m'avez visité, prisonnier et vous êtes venus me voir." Alors les justes lui répondront : "Seigneur, quand nous est-il arrivé de te voir affamé et de te nourrir, assoiffé et de te désaltérer, étranger et de t'accueillir, nu et de te vêtir, malade ou prisonnier et de venir te voir ?" Et le roi leur fera cette réponse : "En vérité, je vous le dis, dans la mesure où vous l'avez fait à l'un de ces plus petits de mes frères, c'est à moi que vous l'avez fait". »

Attention : tous ceux qui sont pauvres, petits et misérables, le Christ les appellent « mes frères » et il dit : « C'est à moi que vous l'avez fait. » Et il chassera les autres parce qu'il ne les connaît pas. Mais Seigneur, répondront-ils, nous étions de bons chrétiens, nous allions régulièrement à la messe le dimanche ! Pourquoi nous repousses-tu ? « Parce que j'ai eu faim et vous ne m'avez pas donné à manger ; j'ai eu soif et vous ne m'avez pas donné à boire ; j'étais étranger et vous ne m'avez pas accueilli ; nu et vous ne m'avez pas vêtu ; malade et en prison et vous ne m'avez pas visité. » La foi en Dieu est certainement essentielle, la foi dans le Père. Jésus le dit souvent, mais ce n'est pas tout. Ce n'est pas suffisant. Si je dis « Seigneur, Seigneur » et que je n'aime pas l'homme, quel qu'il soit, au-delà de toutes les considérations, dans le respect des religions, des cultures, de la nationalité, si je n'aime pas chaque être humain, je ne suis pas enfant de Dieu.

Nous pouvons donc le dire et le redire : le dialogue interreligieux dans le monde d'aujourd'hui, qui est un monde globalisé, n'est pas un choix, mais une nécessité. Dans ce monde dans lequel, en une minute, on sait tout ce qui arrive en Amérique, en Afrique et partout, nous ne pouvons plus simplement penser à nous, avec notre culture, notre religion, notre nationalité, car nous sommes les enfants du monde, de l'univers. Cela donne à la vie une ouverture extraordinaire parce que je me sens unie à tout être humain dans le monde, à ses problèmes, à ses difficultés, à ses joies et à ses peines. Et cela donne à la vie quelque chose de merveilleux, parce que l'on se sent frères et sœurs de millions et de millions d'hommes et de femmes qui vivent en ce moment sur notre planète. Je crois qu'il est très important d'aider chacun à vivre sa propre foi. Quand j'ai commencé à ouvrir des écoles dans les bidonvilles des chiffonniers, j'ai cherché à avoir des enseignants aussi bien chrétiens que musulmans. De cette manière, il y avait des cours de religion autant pour les chrétiens que pour les musulmans. Naturellement, leur manière d'enseigner la religion était très ouverte.

Pour nos pays européens aussi ce problème est fondamental. Aujourd'hui, en effet, il y a beaucoup d'immigrés qui ne sont pas catholiques, mais qui viennent d'autres confessions chrétiennes, orthodoxes et protestantes, et aussi beaucoup de musulmans.

Ici, en France, j'ai souvent des contacts avec des musulmans, parce que j'aide une association, Les amis de Paola, qui s'intéresse aux réfugiés et aux sans-abri. Jusqu'à il y a quelques années, j'y allais trois fois par semaine et je restais dormir dans le local de l'association, pour pouvoir rester plus près d'eux. Dans notre travail, chacun faisait preuve d'un grand respect pour les autres et nous essayions de les aider à vivre leur foi. Nous étions tous très amis, d'une amitié vraiment sincère, chacun désirant que les autres vivent dans la paix selon leurs propres convictions religieuses et culturelles.

J'ai des amis algériens qui m'invitent de temps en temps chez eux. La maman s'appelle Fatima et j'ai beaucoup d'admiration et de respect pour elle. Même quand je vais la voir, à midi elle va prier. Je me mets alors moi aussi dans un coin et je prie : chacune fait sa prière au même moment, et à la fin nous nous retrouvons ensemble et nous sentons que notre amitié est plus forte parce que chacune de nous aide l'autre à conserver et à exprimer sa propre foi. C'est beau d'avoir des amis d'une autre religion ; il suffit d'admettre que nous sommes différents et d'accepter ces différences. Nous devons chercher chaque jour non pas ce qui nous sépare, mais ce qui nous unit et nous rend plus semblables.

À Istanbul, j'ai pu faire la connaissance du patriarche Athénagoras. J'enseignais alors à l'école de ma congrégation, Notre-Dame de Sion, et beaucoup de mes élèves étaient orthodoxes. J'ai décidé un jour de les accompagner alors qu'elles allaient rendre visite à leur patriarche. À l'époque, c'était quelque chose d'extraordinaire. Déjà auparavant, je m'étais rendue au Fanar[3], mais j'avais d'abord demandé conseil au délégué apostolique qui, à cette époque (1935-1944), était Mgr Angelo Giuseppc Roncalli, le futur Jean XXIII. Il me dit d'y aller, mais de faire attention et de ne pas trop faire de publicité pour ne pas scandaliser les autres sœurs. À cette occasion, donc, et aussi par la suite, je n'ai jamais parlé de ma visite au patriarche au sein de ma communauté. Il aurait été difficile pour beaucoup de comprendre qu'une religieuse catholique aille trouver un patriarche

1. Quartier historique de la vieille ville d'Istanbul où se trouve le siège du patriarche de Constantinople.

orthodoxe. À l'époque, il était même interdit d'entrer dans une église orthodoxe : c'était considéré comme un péché à confesser.

Ce n'est qu'en 1965 que l'excommunication réciproque entre catholiques et orthodoxes fut levée par le pape Paul VI et le patriarche Athénagoras. J'ai rencontré personnellement le patriarche pour la première fois à un moment très particulier parce que, peu de temps avant, il s'était passé un drame terrible. Un jeune orthodoxe s'était présenté à la supérieure des Filles de la Charité qui avaient une école à Istanbul, dans laquelle sa sœur était enseignante. Il lui avait dit : « Ma Mère, dimanche prochain c'est Pâques et chaque année toute ma famille se rend à l'église et communie. Ma sœur dit qu'elle est catholique et qu'elle ne veut pas venir avec nous, en soutenant qu'elle communiera dans une église catholique. C'est votre faute, c'est vous qui lui avez donné ces idées et vous devez la faire changer d'avis. Dites-lui de venir faire la communion avec nous. » Mais la supérieure lui avait répondu que sa sœur était assez grande pour décider elle-même ce qu'elle devait faire et que ce n'était pas elle qui lui avait dit de devenir catholique. Elle ne pouvait pas lui dire où aller communier, cela faisait partie de son libre choix. Alors le jeune avait pris un pistolet et l'avait tuée. Son assistante était arrivée et il avait aussi tiré sur elle. Arrêté par la police, il avait affirmé qu'il avait fait la plus belle action de sa vie, en ayant tué deux mauvaises femmes, « deux vermines ». Aux yeux de beaucoup d'orthodoxes, il devint un héros et, le lendemain, certaines de mes élèves me dirent même : « Vous avez vu, ma sœur, ce que nous sommes capables de faire, nous les orthodoxes… »

Au mois de mai de cette même année, j'ai rendu visite à Athénagoras avec mes élèves. Nous sommes allées au Fanar et j'ai demandé à le voir. Je me souviens que, à peine arrivées en haut du grand escalier, un moine se présenta à nous qui parlait à toute vitesse en grec avec mes élèves et qui me foudroyait des yeux. S'il avait pu me tuer du regard, je n'aurais pas vécu longtemps. Et, en s'adressant à moi, il se plaignit que les catholiques essayaient de convertir les orthodoxes et que ce n'était pas une bonne chose. C'était arrivé quelquefois, c'est vrai. Mais je lui répondis que, personnellement, je ne l'avais jamais fait et que je nourrissais un grand respect pour l'Église orthodoxe. Puis nous sommes entrées dans un grand salon, où nous avons rencontré le patriarche. C'était un homme très grand qui me dépassait au moins de deux têtes. Il portait un grand manteau noir sur les épaules. Il me prit sous son manteau et me dit : « Sœur Emmanuelle, les divisions des hommes ne parviennent pas jusqu'au ciel. Je suis très ami avec les catholiques. Quand j'étais archevêque de Boston, nous étions bien plus ouverts, on ne faisait pas toutes ces différences. J'étais très ami avec l'évêque catholique, nous nous voyions souvent et nous travaillions beaucoup ensemble. Ici, je vois que c'est plus difficile, ajouta-t-il en souriant, mais les barrières des hommes ne montent pas jusqu'au ciel. »

Et mes élèves l'écoutaient, stupéfaites. Alors il se pencha vers elles et leur dit : « Vous voyez, mes filles, nous sommes tous frères et sœurs, et particulièrement entre chrétiens. Que nous soyons orthodoxes, catholiques ou protestants, nous avons le même Christ. Nous sommes frères et sœurs avec les musulmans aussi. Nous avons en effet le même Dieu. Nous devons nous aimer et ne pas nous arrêter sur ce qui nous sépare, mais chercher, au contraire, ce qui nous unit, puisque les barrières des hommes n'arrivent pas jusqu'au ciel. »

Je me trouvais déjà à Istanbul à l'époque où Mgr Roncalli était délégué apostolique en Turquie. Il n'existait pas encore de nonciature, mais il mit les bases pour qu'il y en ait dans le futur, comme c'est le cas maintenant. C'était un homme très avenant, gentil avec tous et il fut le premier à faire un sermon en turc dans la cathédrale catholique d'Istanbul. Il soutenait en effet que, étant en Turquie, nous ne devions pas parler en italien ou en français pendant les offices religieux, mais en turc. Lui-même avait un peu étudié le turc et, tous les dimanches, il organisait une réunion dans la cathédrale et faisait un discours dans cette langue. Il soutenait que le turc devait aussi entrer dans la liturgie. À l'époque, le président de la République turque était Atatürk. Il avait passé plusieurs années en France et témoignait d'une large ouverture d'esprit. Il voulait moderniser son pays et il voyait que la religion musulmane, si elle était mal comprise, empêchait le peuple de s'ouvrir, comme par exemple en ce qui concerne la liberté de la femme. Atatürk soutenait que les femmes aussi devaient étudier et fréquenter l'université. Mais cela n'était pas bien compris car la plus grande partie des musulmans pensaient qu'elles devaient rester à la maison. Pour inciter le pays à se moderniser plus rapidement, il supprima tous les signes religieux qui distinguaient les chefs de l'islam. Sa manière d'agir n'était certainement pas démocratique mais il interdit l'usage de tout habit religieux.

Pour nous, comme pour tous les religieux, l'habit religieux devint défendu. Aussi la supérieure de la congrégation, à Paris, voulut fermer le couvent et l'école d'Istanbul. Nous avons demandé son avis au cardinal chargé des congrégations religieuses. Il nous répondit que l'important était de rester simple, de ne faire preuve d'aucune vanité et d'endosser les habits qui convenaient. Nous avons trouvé une couturière qui confectionna à notre demande des vêtements très simples, tous différents pour ne pas constituer un nouvel uniforme. Le résultat ne fut pas des plus convaincants, nous étions toutes vraiment ridicules. Chacune d'entre nous pleurait en regardant son propre habit et riait en regardant celui des autres. Un jour, nous avons reçu la visite de Mgr Roncalli, lui aussi habillé en laïc, avec un veston trop étroit et un pantalon trop court. En souriant et en plaisantant, il nous soutint dans ce moment difficile, surtout pour les sœurs plus âgées : « Vous voyez, mes sœurs, nous n'avons pas encore obtenu de grands résultats, mais à l'avenir ça ira mieux. »

VII

La prière pour la paix et les rencontres dans l'esprit d'Assise

La Communauté de Sant'Egidio, depuis la seconde moitié des années 1980, organise des rencontres internationales interreligieuses pour poursuivre et cultiver l'esprit de la Journée mondiale de prière pour Assise, convoquée par le pape Jean-Paul II le 27 octobre 1986. De telles rencontres sont destinées à promouvoir une connaissance réciproque et un dialogue entre les religions, dans un horizon de paix, à travers un réseau d'amitiés reliant les représentants des différentes religions et cultures du monde. Il s'agit d'un véritable pèlerinage de paix, qui a fait étape, année après année, dans différentes villes d'Europe et de la Méditerranée.

Sœur Emmanuelle s'est jointe à ce pèlerinage, avec beaucoup d'enthousiasme, de 1994 à 2005, tant que son état de santé le lui a permis. Elle aimait beaucoup ces rencontres et elle y participait inlassablement, sans jamais renoncer à donner son propre témoignage, aussi bien dans les conférences et les tables rondes où elle faisait office de rapporteur que dans les rencontres avec le public. Le réseau d'amis qu'elle avait su tisser au cours des années était considérable, et elle savait en profiter dans les brefs moments de pause, pendant les repas et dans les couloirs. Beaucoup d'amis se pressaient à ses conférences ; beaucoup de chefs religieux, y compris des musulmans, s'inclinaient sur son passage. Elle avait pour tous des paroles affectueuses et elle ne refusait jamais les accolades de tous ceux qui voulaient lui témoigner leur attachement.

Je ne me souviens pas comment j'ai été invitée la première fois aux rencontres interreligieuses pour la paix, mais je m'y rends chaque année avec une grande joie, parce qu'il s'agit d'un événement extraordinaire.

Je voudrais que le monde entier profite aussi de l'air que l'on respire lors de ces journées. Je trouve en effet extraordinaire qu'à chaque conférence, l'on rencontre des personnes de religions différentes, que chacun soit écouté avec le plus grand intérêt et le plus grand respect, et que tous acceptent la manière différente de penser de l'autre. Chaque fois que j'y participe, mon cœur chante pendant trois jours, sans jamais s'arrêter. Je voudrais que l'atmosphère qui règne là soit celle de notre planète : ce sera comme ça au ciel, car dans la lumière de Dieu, tout le monde s'aime.

Ce dont on a le plus besoin sur la terre, et que malheureusement on ne trouve pas souvent, c'est l'harmonie qui permet de bien vivre ensemble, même sans avoir la même culture, la même religion, la même nationalité ou la même couleur de peau. On vit dans l'harmonie dans la mesure où l'on rejette les sources de conflit.

« Je voudrais que l'autre pense comme moi », dit-on. Pourquoi veux-tu que l'autre pense comme toi ? Dieu a créé l'homme libre et il a préféré laisser à l'homme sa liberté de mal agir plutôt que de nous créer comme des robots, tous obligés de faire le bien. Dieu veut que nous vivions libres et dans l'harmonie.

Durant l'une des conférences de la prière pour la paix, j'ai été très touchée par l'intervention d'un musulman. Il voulait nous expliquer que, malheureusement, nous les chrétiens n'irions pas au paradis, à cause de notre religion. Il nous dit qu'il nous aimait tous et qu'il était très triste, parce que, d'après lui, nous irions tous en enfer, vu que l'homme ne peut trouver Dieu que dans la religion musulmane. Il disait cela avec tant de respect, tant d'amour et une telle candeur que tout le monde a compris ses bonnes intentions. Même le cardinal qui présidait la conférence le remercia chaleureusement, en lui disant qu'il avait apprécié sa sincérité. Certainement que tous ceux qui l'ont écouté ont essayé, durant l'année qui a suivi, d'être encore plus artisans de paix, de respect et de tolérance. Je me réjouis beaucoup de voir que la Communauté de Sant'Egidio a continué à porter de l'avant le dialogue commencé par Jean-Paul II à Assise, en continuant résolument sur cette route pour ne pas laisser tomber une si heureuse intuition.

VIII

La vie dans un pays musulman

Sœur Emmanuelle a certainement vécu dans un grand respect pour les musulmans et a tissé avec nombre d'entre eux des liens d'amitié profonds et sincères. J'ai eu l'occasion de rencontrer l'une de ses anciennes élèves, turque, musulmane, qui dès qu'elle se trouvait en France n'hésitait pas à lui rendre visite, confirmant ainsi que Sœur Emmanuelle avait établi des rapports vraiment singuliers avec ses élèves. Lors des rencontres interreligieuses, elle était toujours saluée avec beaucoup de respect par de nombreux représentants musulmans qui la connaissaient bien et l'aimaient beaucoup. À une époque comme la nôtre, où beaucoup mettent en avant l'opposition entre christianisme et islam, en cherchant à affirmer leur propre identité, Sœur Emmanuelle nous montre comment le rapprochement et la vie ensemble dans le respect réciproque enrichissent notre foi et notre vie.

J'ai passé ma vie au contact avec l'islam : j'ai quitté l'Europe en 1931 et j'y suis retournée en 1993. Pendant plus de soixante ans, j'ai vécu dans trois pays musulmans : la Turquie, la Tunisie et l'Égypte. Je peux dire que j'ai des milliers d'amis musulmans.

Quand je suis arrivée, jeune religieuse, à Istanbul, mon Dieu !, j'aurais voulu avec la croix baptiser toute la Turquie ! Ma supérieure m'a convoquée la veille de la rentrée des classes et m'a dit : « Sœur Emmanuelle, vous recevrez demain dans votre classe des jeunes filles, qui seront chrétiennes, musulmanes ou juives. Attention ! Vous ne devez absolument pas parler du Christ à vos élèves. »

J'avais alors vingt-deux ans, j'étais pleine d'enthousiasme et j'étais sûre que j'allais parler du Christ à mes élèves, en préparant mes cours avec le plus grand soin. Ses paroles furent pour moi un choc. Je me demandai : « Qu'est-ce que je viens faire ici si je ne peux pas parler du Christ et de la croix ? » Mère Elvira, qui était une femme exceptionnelle, avec une grande intelligence et un grand cœur, sut m'encourager. Elle avait deux caractéristiques essentielles : c'était une personne très attentive avec une très forte personnalité et, en même temps, elle faisait preuve d'une compréhension cordiale et d'un grand respect pour l'autre, quelles que soient sa culture et sa religion. Elle m'expliqua que les élèves étaient avant tout les enfants de leurs parents. Elle aurait pu me montrer les documents envoyés par les papes depuis le XVe siècle, quand les missionnaires commencèrent à évangéliser le monde entier, dans lesquels il était dit au sujet des enfants que l'on doit avant tout respecter le désir des parents. Si les parents ne sont pas chrétiens et ne veulent pas que leurs enfants le deviennent, on n'a aucun droit de faire pression sur les jeunes contre le désir de leurs parents.

Notre école – le seul lycée français de Turquie – était très connue pour le respect que nous avions à l'égard des élèves qui la fréquentaient. Nous ne cherchions jamais à les amener au baptême, et nous ne voulions pas faire de prosélytisme auprès de jeunes filles qui ne pouvaient pas encore savoir ce qu'elles désiraient vraiment.

Mère Elvira m'expliqua que je donnerais des cours aux élèves chrétiennes et que, là, je pourrais leur parler du Christ. Je me souviens encore de ses paroles : « Ma petite Emmanuelle, écoutez-moi bien ! Vous ne devez pas parler du Christ à vos élèves. Vous devez transpirer le Christ. Vous devez aimer chacune de vos élèves de manière profonde et personnelle, comme le Christ aime tous les hommes et toutes les femmes, en particulier les enfants. »

Ce fut mon premier contact avec l'islam. Mère Elvira voulait de plus que nous étudiions la langue du pays dans lequel nous vivions. J'ai ainsi commencé à apprendre le turc et, quand j'ai été mutée en Tunisie et en Égypte, j'ai étudié l'arabe, parce que connaître la langue de l'autre, sa langue natale, est une manière de le respecter et de mieux le comprendre. J'ai aussi étudié l'islam et le Coran. J'ai ainsi découvert que le

Coran comporte de très beaux passages et que l'islam n'est pas une religion de fanatiques. On peut y lire des passages d'une grande ouverture. L'islam dit par exemple : « Respectez les moines, ce sont des amis de Dieu. » Effectivement, en tant que religieuse, j'ai toujours été très respectée dans tous les pays d'islam où j'ai vécu. Un jour, quand nous portions encore un habit noir avec un long voile, un musulman s'est approché de moi et m'a dit : « Ma Sœur, comme votre habit est beau. Merci ! »

Dans le Coran, un chapitre entier rapporte, presque mot pour mot, l'annonciation de l'ange à Marie que l'on trouve dans l'évangile de Luc. Les musulmans, en effet, croient à la virginité de Marie et ils la vénèrent comme la mère d'un prophète.

J'ai des milliers d'amis musulmans et nous sommes amis grâce à un mot que je répète toujours, le mot « respect ». Ils me respectent comme chrétienne et je les respecte comme musulmans. Dans la mesure où tu respectes l'autre, l'autre te respecte, dans la mesure où tu l'aimes, il t'aime. C'est comme un miroir qui te renvoie l'image que tu lui offres. Si tu souris au monde, le monde te sourira. Souris à tout le monde : peu importe de qui il s'agit, chacun est un être humain, il est ton frère, il est ta sœur, quelles que soient ses convictions religieuses, politiques ou culturelles, car c'est le jardin sacré de tout être humain. Tout ce qui est sacré est libre. Chaque être humain peut et doit suivre sa propre conscience. C'est écrit aussi dans les documents du Concile Vatican II : tout homme qui avance selon sa propre conscience est aimé et respecté par Dieu.

Malheureusement, chez les musulmans, il y a des fanatiques, des kamikazes. Il existe une petite minorité très active et très riche qui veut s'emparer de l'Europe. Ceux-là mis à part, il est très important d'essayer d'avoir un dialogue avec les musulmans ouverts. C'est la seule manière de pouvoir tempérer la violence des uns, à travers la tolérance des autres. Et la Communauté de Sant'Egidio a toujours cherché à faire cela. Ce qui m'a frappée chez elle, c'est l'ouverture très simple, fraternelle et respectueuse envers l'autre, envers l'islam. Dans la mesure où toujours plus de chrétiens instaurent des conversations simples mais agréables et amicales avec les musulmans, le nombre des personnes qui refusent toute forme de violence se multiplie. Et il y aura toujours plus de gens qui veulent vivre sereinement là où ils se trouvent, avec leur manière de penser, comprise et respectée par les autres.

Chaque année, au cours des rencontres pour la paix, qui ces dernières années se sont toujours déroulées dans des pays à majorité chrétienne, les musulmans sont écoutés d'une manière ouverte et libre, et leur culture est respectée.

J'ai vécu en Turquie et j'ai fait l'expérience que l'on ne devient pas facilement ami avec les Turcs musulmans. Mais quand on arrive à initier avec eux un dialoguc vrai et authentique, s'instaurent des amitiés extrêmement sincères. Je peux dire que c'est avec des amis musulmans à Istanbul que j'ai passé l'une des soirées qui m'a laissé un de mes plus beaux souvenirs. Nous étions environ une quinzaine de personnes, dans la maison d'une amie musulmane, une femme très intelligente qui aimait réunir des gens très différents : il y avait des catholiques, des protestants, des juifs et des musulmans. Chaque fois que nous nous rencontrions, nous abordions un thème différent. Ce soir-là, c'est elle qui s'est mise à nous parler de saint François d'Assise. Cette femme musulmane nous a décrit la vie de saint François d'une manière si profonde qu'on avait l'impression qu'elle le connaissait personnellement. Quand elle en est arrivée à l'histoire des stigmates, elle n'arrivait plus à parler tellement elle était émue. Nous sommes restés là en silence, unis autour de l'âme de saint François et autour de la croix.

Les musulmans n'acceptent pas la croix. Ils disent que c'est un autre qui a pris la place de Jésus parce que la croix ne s'accorde pas avec l'image du Christ, qu'ils considèrent comme un prophète et qu'ils aiment énormément. Je revois encore le visage de tous ceux qui se trouvaient là à ce moment-là, l'émotion de chacun d'entre nous. Et elle a continué avec la prière de saint François, avec le *Cantique des créatures*. On vivait un peu la même atmosphère que celle que la Communauté de Sant'Egidio nous permet de vivre chaque année lors des rencontres pour la paix des grandes religions.

J'ai compris jusqu'à quel point les musulmans sont capables d'approfondir les grands saints mystiques, et combien l'on peut se rencontrer à travers cette vision commune. J'ai étudié la vie d'un grand musulman, Al-Hallaj Mansur, un mystique du IX-Xe siècle qui connaissait très bien l'Évangile, qui aimait Jésus et qui vivait d'amour. Dans l'islam, le mot « amour » n'est pas toujours présent. Ce mot, surtout au Moyen Âge, ne semblait pas très bien s'accorder avec le respect dû au Très-Haut. Lui, au contraire, avait beaucoup d'amour, et il s'est fait des ennemis à cause de cela, il a été crucifié et il est mort. Louis Massignon a écrit deux gros ouvrages sur son œuvre, que j'ai lus et que j'ai beaucoup aimés.

Dans l'islam, j'ai eu de très belles amitiés qui m'ont profondément enrichie. Je crois que chaque fois que l'on s'approche d'une autre personne, quelle qu'elle soit, et que l'on sait l'écouter, on échange des pensées et des sentiments qui nous enrichissent beaucoup. C'est l'une des raisons pour lesquelles on se comprend bien, avec la Communauté de Sant'Egidio : nous avons la même vision ouverte sur les choses, spécialement sur l'islam.

L'islam et le christianisme ont des points très forts en commun. Quelques-uns ont beaucoup travaillé sur ce sujet, parmi lesquels le père Christian de Chergé, l'un des sept moines de Tibhirine, tués en Algérie. Le père Christian avait cherché quels étaient les points qui permettaient aux chrétiens et aux musulmans de se comprendre et de prier ensemble. Le point le plus important est la croyance en un Dieu unique. Quand les musulmans se mettent à prier : « Dieu est le plus grand », ils mettent le front à terre – comme le dit

Pascal, il faut que le corps participe et se joigne à l'esprit, surtout pendant la prière – ; quand on est ainsi, prosternés, on se sent petits. Lisons le passage de l'Évangile qui parle du pharisien et du publicain. Le publicain disait : « Seigneur, aie pitié de moi, pécheur » et il n'osait pas lever les yeux[1]. Quand on est prosternés – et les photographes qui veulent ridiculiser l'islam prennent l'image vue de dos – on sent que Dieu est grand. Cette foi profonde, vivante, qu'ont les musulmans en un Dieu transcendant m'a aidée parce qu'en Europe, nous avons un peu perdu le sens de la transcendance de Dieu.

Il y a des gens pour qui Dieu est presque un compagnon. Ce n'est jamais le cas pour un musulman. Naturellement, ils ne croient pas à l'incarnation. Ils croient que Dieu a envoyé son Esprit Saint, qu'il a donné à la Vierge la possibilité de devenir mère sans connaître d'homme, et ils croient aussi à l'immaculée conception de la Vierge ; ils y croyaient même avant que cela ne devienne pour nous un dogme. Ils disent en effet que lorsque la Vierge a été conçue par sa mère, les anges ont fait cercle autour d'elle pour la tenir éloignée du mal. Ils ont un culte pour Marie, la mère de Jésus, et ils nourrissent une grande confiance en elle.

Dans l'islam, on demande à tous ceux qui le peuvent de donner la dîme et de la partager avec les

1. Lc 18,9-14.

pauvres. Nous partageons avec l'islam la dimension d'une religion ouverte, qui s'intéresse particulièrement aux plus pauvres.

Les musulmans ont, comme nous, le sens du pèlerinage. Ils ont un lieu de pèlerinage, La Mecque, et un bon musulman essaye d'y aller au moins une fois dans sa vie. Ils partent pour se purifier de tous leurs péchés. Mon dernier pèlerinage a eu lieu à Lourdes, avec le pape Jean-Paul II. Plus de trois cent mille personnes étaient présentes. En pensant à ce pèlerinage, je trouve beaucoup de similitudes avec celui des musulmans, parce que, en rentrant, on est persuadé que Dieu a eu pitié de nous, qu'il a pardonné nos péchés et que nous devons maintenant repartir avec plus de courage.

Le musulman doit pardonner. La langue arabe est pleine d'expressions dans lesquelles Dieu est présent. Au début, quand je parlais en arabe, je n'ajoutais pas ces expressions et cela scandalisait mes amis musulmans, parce qu'on ne peut pas faire de projets sans l'aide de Dieu : ainsi, *Inch Allah* signifie « si Dieu le veut ». De la même manière, on doit remercier Dieu si quelque chose s'est bien passé : *Mash'Allah,* c'est-à-dire « Grâce à Dieu », et *Hamdoulillah* : « Gloire à Dieu ». La langue est liée au nom de Dieu et ils le disent avec beaucoup de conviction : *Ya Rab !* « Ô Seigneur ! ». On entend ces mots tout le jour dans la rue. J'ai donc appris moi aussi à mettre le nom de Dieu avant chaque chose dans ma journée et mes pensées. Je peux affirmer que le contact que j'ai eu avec le monde musulman m'a beaucoup enrichie. Et je crois que mes amis musulmans ont aussi beaucoup reçu de moi.

Ce serait si beau si nous pouvions tous vivre en paix ! Si les chrétiens et les musulmans pouvaient se regarder comme frères et sœurs ! Nous sommes tous enfants de Dieu et, comme l'affirme le Concile Vatican II, tous les hommes de bonne volonté, qui marchent selon leur conscience, sont sauvés.

Nous avons un fonds commun de foi et de charité. Il faut que cela nous aide à mieux comprendre la relation à Dieu, la prière. Ce serait beau que les hommes, en paix, marchent main dans la main, en glorifiant Dieu. Une manière de marcher ensemble, main dans la main, est de faire ensemble des gestes liés à notre foi. Par exemple, le pape Jean-Paul II nous a proposé de jeûner un jour de Ramadan, en même temps que nos frères musulmans, pour demander à Dieu la paix.

Les premiers chrétiens pratiquaient beaucoup le jeûne, comme on le lit dans les Actes des apôtres. Et saint Paul montre combien il est agréable à Dieu. Mais aujourd'hui, c'est complètement tombé en désuétude chez les chrétiens. Le pape a redonné de l'importance au jeûne, qui est quelque chose de très profond, car au moment où nous jeûnons nous sentons que nous sommes des créatures de Dieu, nous appartenons au Seigneur qui a souffert pour nous. Acceptons, alors, que le jeûne puisse être pratiqué ! Je ne dis pas qu'il ne faut rien manger, mais on pourrait manger juste un peu et donner aux pauvres l'argent que l'on aurait dépensé pour manger davantage. On peut le faire de temps en temps, si on en a la force. Chacun se connaît lui-même. On pense ainsi aux millions de gens qui n'ont rien à manger. C'est une manière de glorifier le Seigneur, main dans la main, en cordée, avec nos amis de l'islam.

IX

L'espoir et les attentes pour le futur

C'est sur ces paroles d'espérance que se termine le témoignage que Sœur Emmanuelle m'a confié au cours des nombreuses rencontres que j'ai eues avec elle à Callian, où elle a passé les dernières années de sa vie. Une voix porteuse d'espérance, mais aussi une voix prophétique, qui nous invite directement à nous engager pour la paix et pour la justice, à changer le monde dans lequel nous vivons, à ne pas abandonner l'Afrique, à ne pas nous résigner aux divisions qui séparent les chrétiens, à aimer profondément l'Église qui a été sa mère pendant les longues années de son existence.

J'aime beaucoup ce nouveau siècle et il me semble meilleur que le précédent, que j'ai pleinement vécu puisque je suis née en 1908. En ce qui concerne les rapports entre les Églises chrétiennes, ils se sont aujourd'hui considérablement améliorés, comparé au siècle passé. Quand j'étais jeune, c'était un péché pour un catholique d'entrer dans une église d'une autre confession. Je me souviens d'une image dans un livre qui montrait ainsi l'évolution de l'Église : un arbre feuillu dont quelques branches avaient cassé et séché, d'abord celle des orthodoxes puis celle des protestants.

Nous vivons aujourd'hui dans une Église qui a ouvert ses portes, et les rencontres entre chrétiens de différentes confessions sont de plus en plus fréquentes et fraternelles. C'est ensemble que nous affrontons les défis du siècle nouveau. Le principal défi est de construire un monde de paix. Chacun est responsable et doit faire quelque chose pour pouvoir construire la paix. La paix dans le monde sera possible dans la mesure où chacun travaillera de toutes ses forces et avec courage dans ce but. Andrea Riccardi le disait très clairement dans son discours de conclusion lors de la rencontre interreligieuse de Lyon. Autrefois, le discours sur la paix était marginal dans l'Église, tout ce qui sortait du discours religieux ne l'intéressait pas.

Jean-Paul II a eu beaucoup d'influence sur la situation actuelle de l'Église, en poursuivant le chemin entrepris par Jean XXIII et en l'approfondissant. Son message d'amour et d'accueil envers les autres religions a revêtu une importance fondamentale. Je voudrais surtout rappeler les gestes principaux qui ont marqué le dialogue interreligieux, comme sa visite au Maroc, au cœur de l'islam, et la demande de pardon faite aux juifs à Jérusalem, quand il a déposé sa prière au Mur des lamentations.

Le discours de Jean-Paul II, très simple et direct, plein d'amour, remplissait le cœur et était particulièrement compris par les jeunes. Son initiative d'organiser périodiquement les Journées mondiales de la jeunesse a été accueillie avec un grand enthousiasme par ces derniers. J'ai moi aussi participé à ces rencontres. Je me souviens avec joie de celle qui s'est déroulée à Rome, en 2000, pour l'Année sainte, du grand enthousiasme et de la force que transmettaient ses paroles.

Beaucoup de jeunes que j'ai rencontrés toutes ces années m'ont confié l'importance qu'avait eue dans leur vie la rencontre avec ce grand pape et l'écoute de ses paroles : cela leur avait ouvert le cœur et les avait poussés à rencontrer le Seigneur et à servir les autres.

C'est en 2004, à Lourdes, que j'ai eu l'occasion de le rencontrer directement pour la dernière fois. Il était déjà à bout de forces et disait être venu comme pèlerin, malade parmi tant de malades qui s'y rendent continuellement. Il s'exprimait avec une grande humilité. Peu importait sa voix tremblante, qui s'arrêtait pour reprendre souffle. Voir cet homme âgé, malade, qui annonçait un message tourné vers l'avant, sur un chemin qui conduit à l'amour de Dieu et des hommes, cela conquérait le cœur et l'âme. Il nous présentait le message du Christ comme un message nouveau, qui nous invite à la conversion du cœur, une conversion qui ne finira jamais.

Aujourd'hui, je suis très optimiste sur l'avenir de l'Église parce que, au-delà des faiblesses des hommes, le Christ est toujours présent parmi nous. Depuis quelque temps, nous avons un nouveau pape, Benoît XVI, qui me semble être un homme de prière, humble et ouvert. Dans sa fonction précédente, il était obligé d'adopter des positions fortes. Aujourd'hui, il se sent responsable d'offrir au monde un pape au visage éclairé, ouvert et compréhensif. En peu de temps, il a déjà multiplié les pas et les gestes concrets vis-à-vis des autres Églises et des autres religions. J'ai pu observer la mesure et le tact avec lesquels il s'adresse aux jeunes, en leur demandant d'avancer fidèlement avec une foi profonde, directe, dans l'espérance et la charité authentiques qu'apporte le message du Christ.

Ainsi, je suis convaincue qu'au cours du nouveau siècle, la relation entre les Églises sœurs et la relation des jeunes avec l'Église avanceront. Je caresse depuis longtemps l'espoir que le pape écrive un jour une encyclique intitulée *Une Église servante et pauvre*, selon l'expression du père Congar durant le Concile Vatican II. On est en effet frappé, dans chaque pays, par les critiques concernant la richesse de l'Église. Cette critique, en substance, n'est pas fondée. Toutefois, au cours des siècles, l'Église a fait l'acquisition de grands édifices, dont beaucoup sont inutilisés, comme les grands couvents où vivaient par le passé des centaines de religieux.

De nos jours, la vie religieuse dans les monastères attire moins les jeunes, qui préfèrent travailler et s'engager comme laïcs ; l'Église devrait alors se débarrasser de ces grands bâtiments inutilisés. J'espère donc que le pape Benoît XVI écrira un document pour insister sur une pauvreté plus visible dans l'Église, attestée par la vie concrète de nombreux religieux et de prêtres qu'il serait souhaitable de voir vivre dans les quartiers les plus pauvres de la ville, partageant la vie des pauvres.

Enfin, j'espère que durant ce siècle nouveau pourra être comblé l'abîme qui sépare les pays pauvres des pays riches. Le dialogue avance lentement même si certains signaux, comme la remise de la dette, laissent entrevoir quelque espoir. Il faut continuer à envoyer de l'aide et trouver le moyen d'intervenir dans les pays les plus pauvres, où règne la corruption et où les gouvernants prennent souvent pour eux-mêmes les aides envoyées aux populations. La corruption doit être combattue et il faut que les pays riches s'engagent en ce sens et ne prennent pas cela comme excuse pour suspendre leurs aides. Les pays pauvres, l'Afrique, crient devant le scandale de cet abîme qui nous sépare et chacun de nous peut s'engager personnellement dans cette lutte pour faire grandir un monde plus égal et plus juste.

SECONDE PARTIE

Rencontres

I

Inch Allah !

Interview filmée de Sœur Emmanuelle
Aachen, 8 septembre 2003

Je voudrais vous demander de raconter un peu votre histoire, commencée il y a quatre-vingt-quinze ans. Par où voulez-vous commencer ?

La partie la plus intéressante de mon histoire est la vie que j'ai vécue pendant vingt-deux ans dans trois bidonvilles du Caire. Je dois dire que j'avais toujours rêvé, par esprit de justice, de vraiment partager la vie des plus pauvres du monde, qui sont des millions. Mais ce n'était pas facile parce que, avant le Concile Vatican II, les religieuses ne pouvaient pas quitter le couvent. Partager la vie des pauvres suppose que l'on puisse le faire jour et nuit. C'est le Concile Vatican II qui nous a donné cette possibilité et j'ai obtenu de mes supérieures l'autorisation de partager la vie des plus pauvres, des plus méprisés de la ville du Caire. J'ai été dans trois bidonvilles successifs, où l'on vivait vraiment dans des conditions terribles, où il n'y avait ni eau ni électricité. Les gens logeaient dans des cabanes, des baraques construites avec de vieux bidons cassés. Il n'y avait pas d'école, pas d'église, pas de dispensaire ; il n'y avait que des ordures, qu'ils allaient ramasser dans les beaux quartiers du Caire.

À ce moment-là, j'ai compris. J'avais soixante-deux ans, nous avions confié notre beau collège de Notre-Dame de Sion aux sœurs égyptiennes et on m'a demandé où je voulais aller. J'ai demandé à vivre jour et nuit dans les bidonvilles. La permission m'a été accordée et j'y ai vécu pendant vingt-deux ans. Évidemment, d'un point de vue matériel, il n'y avait rien, rien de rien, mais pour moi, le Christ était particulièrement présent, parce que le Christ est l'ami des pauvres et que ces personnes étaient les plus misérables, les plus abandonnées de toutes.

Avec mon équipe, nous avons pu, pour ainsi dire, rendre Dieu visible dans ces bidonvilles. Nous avons construit des églises, nous avons apporté une aide sociale qui permettait de soigner tout le monde, des femmes enceintes jusqu'aux vieillards. Grâce à un petit hôpital, des écoles, des cours du soir, les scouts, etc., nous sommes arrivés, en équipe, à complètement renouveler les bidonvilles.

Puis vous êtes retournée en France…

À quatre-vingts ans, mes supérieures m'ont demandé de rentrer en France. Elles trouvaient que c'était normal. Mais il me semblait que je pouvais être encore utile auprès des chiffonniers et j'ai demandé à rester : quatre-vingts ans, quatre-vingt-un, quatre-vingt-deux, quatre-vingt-trois, quatre-vingt-quatre, quatre-vingt-cinq. À quatre-vingt-cinq ans, mes supérieures m'ont dit : « Maintenant ça suffit, Sœur Emmanuelle, nous vous demandons d'arrêter. Stop, c'est fini, vous devez rentrer en France. » J'ai obéi, je n'ai pas eu de regrets, quand on obéit on n'a pas de regrets, parce qu'on est toujours présent dans l'obéissance. Et ainsi je suis revenue. Maintenant, je vis dans une maison de retraite, nous sommes environ vingt-cinq sœurs et vingt-cinq laïques, nous nous aimons toutes bien, nous nous connaissons, nous nous parlons, nous nous sourions. J'ai le temps de lire des livres, j'ai plus de temps pour prier, et je crois que je suis encore utile aux chiffonniers et au monde.

Pouvez-vous raconter quelque fait particulier que vous avez vécu avec les chiffonniers, un fait qui vous a frappée et dont vous vous souvenez ?

Ce qui m'a le plus frappée chez les chiffonniers, c'est la relation si profonde, tellement vivante qu'ils ont entre eux, et que je n'ai plus retrouvée quand je suis rentrée en Europe. L'homme est un animal relationnel, si l'on peut dire, et les relations sont l'une des différences essentielles entre l'homme et l'animal. Aujourd'hui en Europe, on laisse malheureusement trop tomber les relations, tandis que dans les bidonvilles, comme il n'y a rien – pas de loisirs, pas d'endroits où se rendre le soir –, on vit beaucoup les uns avec les autres et cela donne de la joie à la vie ; on dirait qu'on « blague » tout le temps, pour employer un mot qui n'est pas très distingué mais qui fait bien comprendre les choses. On blague toute la journée, parce qu'on se parle beaucoup, tous se connaissent et tous partagent la même vie. Et cela donne à la vie, c'est certain, quelque chose de plus facile à vivre ; tandis que tout le monde sait que la solitude, qui est l'une des plaies de l'Europe, rend la vie vraiment très difficile aux personnes âgées. C'est une sorte de non-relation qui s'est établie, où chacun rentre dans sa propre maison, regarde la télévision pendant des heures, et cela donne de la tristesse à la plus grande partie des gens, ou au moins à beaucoup de personnes en Europe.

Ce qui est aussi caractéristique chez les chiffonniers, c'est le partage. Ils ont le cœur sur la main. Par exemple, ma voisine avait rarement quelque chose de vraiment bon à manger, mais quand cela arrivait, elle m'en gardait toujours un bout. Si, le soir, j'allais rendre visite à un malade, ou si j'allais prier, elle me conservait toujours une partie de ce qu'elle avait préparé, parce qu'elle trouvait que c'était bon et qu'elle voulait me faire plaisir. Un jour où elle avait reçu plusieurs savons, elle m'en apporta tout de suite un. C'était une pauvre femme, mais j'ai eu beaucoup d'admiration pour elle.

La vie en Europe est complètement différente : pouvez-vous dire quelque chose aux jeunes, mais aussi aux personnes âgées qui vivent ici dans la solitude et dans la tristesse ?

C'est bien de cela qu'il s'agit. Mais, voyez-vous, Angela, la solitude, c'est un peu nous-mêmes qui la créons, non ? Quelquefois, les gens âgés se renferment chez eux, ils s'enferment dans leurs appartements. Il me semble que peu d'entre eux essayent de créer encore des relations autour d'eux. Quand ils ne peuvent plus se déplacer dans leur appartement, c'est autre chose ; mais alors, ils sont installés dans des maisons de retraite. Or j'ai vu des maisons de repos où les personnes ne se parlent pas. Pourtant, il faut aller vers les autres, se rendre dans les chambres des autres, demander des nouvelles, prendre la main des malades, les écouter, et, dans la mesure où tu sors de toi-même, tu es moins préoccupé par tes problèmes, tu deviens vraiment ouvert, et, en t'ouvrant aux autres, tu trouves la joie. Tu n'es plus un pauvre homme, une pauvre femme seule. Tu es une personne âgée, ou peut-être malade, qui continue à s'intéresser aux autres, et qui trouve dans son amour pour les autres une issue, c'est-à-dire une manière de faire sortir de soi les souffrances, parce qu'on s'intéresse plus aux autres. La prière devient alors plus facile. Parce que nous sommes tous enfants de Dieu, et, dans la mesure où tu aimes les autres, tu deviens l'enfant préféré de Dieu. C'est très simple.

Quelle est votre expérience de la prière pour la paix, des rencontres comme celle de ces jours-ci, auxquelles vous participez depuis des années ?

Cela me plonge dans l'émerveillement. Je veux dire que je vis toute l'année, dans le souvenir, émerveillé, de ces rencontres que la Communauté de Sant'Egidio organise annuellement en continuant ce que le pape a commencé en 1986 à Assise. C'est tellement extraordinaire d'être encore ici cette année à Aquisgrana, avec des représentants catholiques, protestants, orthodoxes, juifs, musulmans, bouddhistes, de toutes sortes. C'est tellement beau de les voir parler tous ensemble, se congratuler, se sourire, s'embrasser, s'applaudir. C'est déjà un avant-goût du ciel. Par conséquent, j'essaye tout le reste de l'année de continuer ce que j'ai vécu pendant ces rencontres, d'être la personne la plus tolérante possible, la plus ouverte à tous, à toutes les religions, à toutes les politiques, pour faire comprendre à tous que nous sommes frères et sœurs et que c'est dans cette amitié profonde, dans ce profond respect, que nous pouvons construire un monde de paix et de joie.

Merci ! J'espère que nous pourrons poursuivre cela à l'avenir.

Avec plaisir, le plus longtemps possible, *Inch Allah* !

II

Les chrétiens et les pauvres

XIe meeting international Hommes et Religions
« Conflit ou rencontre :
religions et cultures à un carrefour »
Intervention de Sœur Emmanuelle
Padoue, 6 octobre 1997

Le problème de la pauvreté dans le monde est un problème terrible et chacun de nous, chaque homme, chaque femme, chaque jeunc et chaque enfant, en est responsable.

Chaque jour, je sens que je dois me poser à nouveau certaines questions.

Est-il réellement vrai que moi, Sœur Emmanuelle, je vois le Christ dans le pauvre ?

Est-il vrai que je mets toute mon âme, tout mon cœur, tout mon corps, que je me sers de mes pieds et de tout mon être pour aider ce monde où il y a trop de pauvres, pauvres d'âme, de cœur, d'intelligence, d'argent ?

Est-il vrai que, chaque matin, je me réveille en me demandant : « Qu'est-ce que je vais faire aujourd'hui pour mes frères et sœurs dans le monde ? »

Je crois que si, chaque matin, chacun d'entre nous, quand il se réveille, ne ressent pas qu'il y a quelque chose qui lui mange le cœur, si nous n'avons pas cela en nous, nous ne sommes pas des hommes, nous n'avons pas le droit de faire partie de cette humanité qui souffre, qui meurt, qui crie.

Nous n'avons pas le droit, comme il est dit dans la Bible, d'être absents de la peine des hommes.

That is the question. « Voilà le problème », comme diraient les Anglo-Saxons.

Nous ne pouvons pas parler aujourd'hui de pauvreté et d'amour sans penser à Mère Teresa. Cette femme a été dévorée par l'amour. Il faut la prier, chacun de nous doit le faire et moi la première. Demandons-lui de nous donner une goutte pour désaltérer cette soif et aimer en vérité, non pas avec des beaux discours, des articles de journaux, des conférences, mais plutôt avec des actes concrets de chaque jour. Que je ne m'endorme pas le soir avant de dire : « Seigneur, aujourd'hui, j'ai donné un sourire, j'ai donné la main, j'ai donné un bout de mon cœur à un pauvre. » Avec le cœur, avec l'âme ou avec de l'argent.

Vous voyez, Mère Teresa ne pouvait pas vivre, dormir, manger et posséder tout ce dont elle avait besoin, en sachant que dans sa ville des milliers d'hommes et de femmes étaient dans le désespoir.

Y a-t-il dans nos villes, ici ou là, dans la rue, dans notre appartement, des hommes, des femmes, des jeunes qui souffrent ? Il y en a certainement.

Est-ce que, comme Mère Teresa, je sais regarder ? Est-ce que je sais regarder autour de moi, ou bien mon regard est-il indifférent ? Est-ce que je pense que cela ne me concerne pas, que le gouvernement n'a qu'à s'en occuper, puisque moi je travaille, que je n'ai pas beaucoup d'argent, etc. ? C'est terrible. Nous tuons en nous le souffle d'amour de Dieu. Ce souffle d'amour est en chacun de vous. Il est dans votre âme, il vous parle. Écoutons-le, comme Mère Teresa.

Nous ne sommes pas obligés de nous plonger comme elle dans la pauvreté la plus terrible. Dieu ne nous le demande pas, mais il nous demande d'avoir son regard.

J'ai trouvé ce même regard chez l'abbé Pierre. Il est venu rendre visite à ceux qui vivaient dans les baraques du Caire. Il se trouvait à l'endroit le plus misérable d'une ville merveilleuse. Mais au Caire, comme partout dans le monde, il y a des baraques, nous le savons. L'abbé Pierre a voulu venir au cœur de la misère. Il a regardé chacun de ceux qui vivaient là. Je n'oublierai jamais son regard, qui a été pour moi une leçon vivante. Il a regardé, il a donné sa main, il a donné son cœur. Et ce regard, cette main, voulaient dire : je ne peux pas parler avec toi, je ne sais pas l'arabe, mais tu es mon frère. Mon frère, ce ne sont pas des mots. Tu es mon frère et je t'aime.

Et je voyais chez les pauvres habitants de ces bidonvilles, qui sont les plus méprisés de cette belle ville du Caire, des visages illuminés.

Finalement, quelqu'un les regardait, eux, les pauvres, et leur souriait.

Nous ne manquons pas de sans-abri en France, nous les appelons les SDF, sans-domicile fixe. Dans la rue, devant les églises, combien de fois je vois de bons chrétiens entrer ou sortir de l'église, le regard indifférent à la pauvre femme ou au pauvre homme qui se trouve là, par terre. Ah, mon Dieu !

C'est le regard du prêtre, du lévite de l'Évangile qui passe son chemin.

Mais, quelquefois, quelqu'un s'arrête, quelqu'un regarde le pauvre qui est à la porte, il regarde Jésus-Christ. Celui-là sait ce que veut dire entrer à l'église. C'est chercher Jésus.

Et où le chercher ? Dans l'eucharistie bien sûr, nous sommes allés à la messe ; mais il faut le chercher dans le cœur de l'homme.

Et je vois quelquefois quelqu'un qui s'arrête, qui se penche, qui tend la main et qui sourit. Il ne donne pas toujours de l'argent, mais il donne un bout de son cœur et le pauvre, à la porte de l'église, est content.

Ah, mes amis, je me demande : « Est-ce que je sais suffisamment regarder, sourire, donner un petit bout de mon cœur ? » Cela ne coûte pas cher, il n'y a pas besoin d'être millionnaire, et c'est si beau de le faire !

Cela peut donner un sens à la vie, être un appel, une fraternité vivante, vraie, authentique, de chaque jour.

Voilà ce que vivre veut dire ! Nous ne sommes pourtant pas des bêtes, des moutons qui marchent les uns à côté des autres sans se regarder. Nous ne sommes pas des animaux, nous sommes des frères, des enfants d'un même Dieu. Le Christ est mort pour ce pauvre homme. Quel qu'il soit. Pour cette pauvre prostituée.

Je me trouvais un jour dans une église en France et il y avait des jeunes. À un moment donné, une pauvre femme s'est approchée de moi. Je voyais bien son visage. Il n'avait plus d'âge. La pauvre femme ! Et elle s'est mise à pleurer sur mon épaule, elle sanglotait. J'ai pensé à Marie-Madeleine, qui pleurait aux pieds de Jésus. Je l'ai embrassée et je lui ai dit : « Ne pleure pas, tu es ma sœur. » Vous voyez, ce simple mot : « Tu es ma sœur » ; ce simple regard de respect qui lui était adressé. La pauvre femme ! Toujours prise par des individus qui abusent d'elle et la méprisent. Tout à coup, elle a vu quelqu'un qui la regardait tout simplement. Je ne lui ai rien donné, mais je lui ai tout donné, parce que je lui ai donné l'amour de Jésus qui était dans mon cœur pour elle. Cette femme était aimée de Dieu et, qui sait, peut-être plus que moi.

Voilà ce que veut dire être chrétiens, être de vrais hommes. J'ai beaucoup d'amis dans le monde qui ne sont pas chrétiens, mais ils ont Dieu dans le cœur. Si ce sont mes amis, c'est qu'ils ont une sensibilité humanitaire et qu'ils savent ce que veut dire aimer les autres, et surtout les pauvres. Ceux qui se sont quelquefois perdus dans la vie et qui ont besoin, pour s'en sortir, d'un regard, d'une main tendue, de respect. Le respect de l'autre. Quelle merveille !

Mais j'avais préparé une trame et je m'en écarte. Je voulais vous parler de l'Égypte.

Combien de gens sont venus m'aider sur des chantiers ! Beaucoup de jeunes qui venaient de tous les coins d'Europe. Je ne peux pas vous expliquer comme c'était beau ! Ils venaient dans des conditions terribles. Il s'agissait en effet d'un bidonville, comme il y en a à Paris, à Harlem. Et, au milieu de la saleté, des rats, sans électricité, sans eau, ces jeunes détruisaient les baraques et reconstruisaient. C'étaient des jeunes étudiants universitaires. Il faisait quelquefois quarante degrés et même plus, sous le soleil. Mais ils travaillaient avec cœur, parce qu'ils avaient compris qu'ils étaient frères. Ils venaient comme des frères et non comme des étudiants universitaires qui consentent à passer un mois dans un bidonville. Surtout ne viens pas, reste à l'université si tu n'as pas compris que l'autre est ton frère, que tu n'es pas mieux que lui et que tu es peut-être encore pire !

Vous savez, les pauvres sont très sensibles. Ils perçoivent tout de suite si tu les respectes et si tu les traites comme des égaux. Comme disait Mère Teresa : « Demandons à Dieu d'être dignes de soigner les pauvres. »

Être dignes. C'est dans cet esprit que nous approchons celui qui souffre dans son cœur ou à cause d'une maladie, comme le sida ; de toute façon, il est mon frère ; il mourra peut-être d'ici peu, et je dois lui donner le meilleur de mon cœur et de mon respect.

C'était très beau de voir ces jeunes en Égypte.

Et le Soudan. Je n'oublierai jamais le Soudan. Je suis entrée dans l'une des maisons pour les mourants de Mère Teresa, où se trouvaient des réfugiés du Sud. Il y avait une femme qu'on avait sortie d'une poubelle. Elle avait été lavée et rhabillée avec une longue chemise et elle était étendue sur un petit lit. Et voilà qu'un homme qui se trouvait là, mourant lui aussi, m'a tout à coup tirée par le bras et s'est accroché à moi avec force. Je suis une femme fragile et j'ai eu peur. Ce moribond s'agrippait à mon bras, je ne pouvais plus bouger et je suis restée bouche bée. Mais au fond de la pièce, une porte s'est ouverte et une sœur de Mère Teresa est entrée, portant un plateau avec des verres. Elle a posé le plateau, a pris un verre, elle s'est approchée de la femme, s'est penchée. Comme c'était beau de voir le sourire de cette sœur, la tendresse de sa main qui caressait doucement le visage malade de cette pauvre femme. Elle a approché le verre avec délicatesse et j'ai vu le visage de la mourante se détendre. Il s'est éclairci. Quelqu'un, enfin, l'aimait. Ce n'était pas le verre avec ce qu'il contenait, mais plutôt le sourire, la caresse, le regard, la main. J'ai eu honte de moi. Je ne bougeais pas et je me disais : « Ô mon Dieu ! Je ne suis pas capable de donner un sourire à cet homme ! » Et j'ai vraiment prié : « Seigneur, aide-moi à ne pas rester raide comme cela. » J'ai regardé l'homme en essayant de mettre dans mes yeux le regard de l'abbé Pierre, et sur mes lèvres le sourire de la sœur qui était à côté de moi. Cet homme a vu tout à coup que quelqu'un le regardait, le regardait lui, lui souriait à lui. Il a relâché son étreinte et m'a souri à son tour. Cela a été une minute de ciel et quand j'arriverai au ciel, je le reverrai et nous nous sourirons. Comme la vie est belle quand on aime !

Vous qui êtes ici, vous avez aussi des problèmes. Nous avons tous des problèmes aujourd'hui. La vie est difficile, en Italie, en France, en Espagne, en Afrique. Qui a la vie facile aujourd'hui ? Il arrive quelquefois, et c'est normal, que nous n'en puissions plus. Le fardeau est trop lourd. Et alors, autour de notre cœur, nous dressons comme une protection, nous nous refermons et nous sommes malheureux. Parce que nous ne sommes pas des bêtes et que nous avons besoin d'aimer et d'être aimés. Alors, vous voyez, si vraiment l'un de vous sent que son cœur s'est endurci, qu'il demande à Dieu de l'aider, de briser quelque chose.

Il y a une phrase de Shabistari, un philosophe et poète musulman, qui dit : « Fends le cœur de l'homme et tu y trouveras un soleil. » Mes amis, je l'affirme par expérience. J'ai vécu sur les cinq continents. J'ai beaucoup voyagé dans ma vie. On m'a appelée un peu partout où il y avait des enfants malheureux. Partout : au Liban, en temps de guerre, quand on y tuait ; aux Philippines, où des enfants se prostituaient pour gagner un peu d'argent ; au Sénégal, au milieu des pauvres ; au Soudan, avec la faim, la mort. Partout, j'ai trouvé des hommes, des femmes et des jeunes qui gardaient l'espoir et qui savaient que, malgré la mort, la maladie, la guerre et la haine, il est possible d'aimer. Et cela, c'est fantastique.

Ce que je vais vous raconter se passait au Soudan. Je revois encore ces jeunes qui venaient d'un peu partout, dont les parents avaient été tués dans des conditions horribles. Il y avait un jeune, il devait avoir douze ou treize ans, qui n'arrêtait pas de donner des coups de pied et des coups de poing à tout le monde. Je l'ai regardé avec douceur, et je lui ai dit en arabe : « Ce n'est pas bien, il ne faut pas faire ça. » La maîtresse était là et m'a dit, en français pour que l'enfant ne puisse pas comprendre : « Cet enfant a vu des choses terribles. On a violé et égorgé sa mère devant lui et il ne respire que la vengeance et la mort. Aussi a-t-il besoin d'être aimé davantage. Je lui donne toute ma tendresse et il va déjà mieux. » Et elle s'est assise à côté de lui et l'a caressé doucement ; elle l'a regardé et il y avait dans ses yeux une telle intensité d'amour que l'on sentait que le Christ lui-même vivait dans le cœur de cette femme. Elle s'est penchée sur lui et lui a dit : « Tu sais comme je t'aime, mon petit, mon chéri. Alors, tu vois, toi aussi tu donneras un peu d'amour aux autres. » L'enfant s'est détendu, s'est décontracté et ses yeux méchants se sont transformés. Il a regardé la maîtresse, lui a souri et lui a donné un baiser sur le front.

Des choses comme ça, j'en ai vu des tas. Je vous donne des exemples extraordinaires, mais l'exemple de la maîtresse qui fait un sourire à l'enfant, c'est quelque chose que nous pouvons tous faire. Au Sénégal, j'ai connu une jeune fille extraordinaire, qui allait rendre visite à des prisonniers et avait obtenu la permission de faire sortir de prison des enfants qui avaient volé. Parce que la loi au Sénégal, il y a quelques années, prévoyait que même les enfants arrêtés pour vol, qui avaient volé pour manger, étaient mis en prison avec les adultes. Et ils devaient rester en prison jusqu'à l'âge de seize ans. Après cette période d'emprisonnement, quand ils ressortaient, ils étaient vraiment devenus des bandits. Cette jeune fille avait fondé une maison où elle accueillait beaucoup d'enfants qu'elle avait réussi à faire sortir de prison. Je suis allée les voir, ils ont fait la fête et cette jeune fille m'a dit : « Sœur Emmanuelle, regardez les yeux de ces enfants. Quand ils sont sortis de prison, ils avaient les yeux troubles et maintenant ils sont devenus clairs. »

Pourquoi ? Ils étaient infiniment pauvres, mais ils avaient senti l'amour, la tendresse, le respect d'une mère et ils s'étaient transformés. Et tout est là.

Savons-nous regarder nos enfants ? Quelquefois, ils sont durs et ils nous choquent. Essayons, demandons au Christ de les aimer, nos enfants aussi sont des pauvres. La vie n'est pas facile pour un jeune aujourd'hui. Nous aussi nous avons été jeunes.

Et nos voisins ? Que faisons-nous pour eux ? Pour cette vieille femme qui meurt seule dans un appartement, pour la personne handicapée, pour l'étranger qui ne réussit pas à faire ses études ? Qu'est-ce que je fais, moi ?

Au Soudan, Khamal quitta son magasin pour venir en aide aux enfants et aux jeunes en détresse. Je vous donne cet exemple, je ne vous demande pas bien sûr de renoncer à vos affaires, mais il faut toujours laisser quelque chose pour les autres, donner un peu de son temps.

Khamal eut l'idée de demander une ferme à l'évêque, Mgr Wako, un homme très courageux – il y a des évêques très courageux dans le monde. Il prit une ferme et y amena de jeunes adolescents qui n'étaient pas habitués à vivre de façon correcte, il les mit au milieu de la nature, il les rendit responsables. J'y suis allée. C'était merveilleux. Les jeunes étaient fiers. Leurs yeux s'étaient éclaircis comme les yeux des enfants du Sénégal. L'un d'eux me dit : « Ma Sœur, regardez mes oies », et vous auriez dû voir comme elles étaient belles ! Un autre me fit goûter son fromage, un autre me montra les poules et un autre, les arbres. Donner de la responsabilité aux pauvres, parce que ces adolescents étaient les plus pauvres des pauvres, en les respectant, en les aimant. Mes amis, c'est merveilleux.

La seule chose que je voudrais, c'est que mes paroles aient un impact, même sur moi, en premier. Pour moi, c'est facile de parler, mais je dois faire ce que je dis : que chaque jour nous ayons la préoccupation d'avoir donné un peu de notre cœur à un pauvre ! Quel qu'il soit, pas forcément pauvre économiquement, mais pauvre dans son cœur. Que chacun de nous, en allant dormir le soir, puisse dire : « Merci,

Jésus, aujourd'hui tu m'as aidé à te laisser prendre mon pauvre cœur, qui est quelquefois si froid, à te laisser vivre en moi pour aimer les pauvres ! »

Alors la vie devient belle, elle est magnifique, la vie est un chant, la vie est joie, parce que la vie est divine. Amen. Alléluia !

III

Un peuple de pauvres

XIIe meeting international Hommes et Religions
« La Paix est le nom de Dieu. Dieu, l'Homme, les Peuples »
Intervention de Sœur Emmanuelle
Bucarest, 31 août 1998

Excusez-moi de parler en ce lieu, au milieu de personnages qui ont plus de poids, plus d'expérience et de valeur que moi. Je suis une pauvre petite religieuse, mais j'ai eu l'occasion de vivre et de partager nuit et jour, pendant vingt-deux ans, la vie des plus pauvres, des plus misérables, des plus méprisés du monde. Cette expérience a changé mon être, ma vision des choses, ma prière et mon cœur.

Quand je suis allée vivre dans les bidonvilles du Caire, nous étions en 1971 et j'avais soixante-deux ans.

On m'avait décrit les bidonvilles comme un repaire de bandits, de voleurs, de consommateurs et de trafiquants de drogue, d'assassins. Personne n'y mettait jamais les pieds, même la police se gardait bien d'y aller, pour éviter de recevoir un coup de poignard dans le dos. Moi, dont le tempérament aime l'aventure, je me suis dit : « Bah, on verra bien ! »

J'avais soixante-deux ans, j'avais été professeur de lettres en Turquie, en Tunisie, à Alexandrie ; je pouvais prendre ma retraite et passer ainsi mon temps parmi les plus abandonnés et les plus méprisés. Cela rendait ce temps intéressant. Si l'on me tuait, on verrait bien. Et je suis partie comme cela.

À cette époque, je vivais, je crois, comme une pharisienne. Le pharisien est celui qui est décrit dans l'Évangile comme l'homme juste. Je me sentais juste. Je n'avais jamais volé, jamais fumé de drogue et jamais tué ; je pensais par conséquent être supérieure à ces personnes que l'on m'avait décrites comme le rebut de la société. Mais il s'est passé quelque chose.

Ces gens misérables m'ont prouvé que le peuple des pauvres est le peuple des riches.

Ils ont une richesse incroyable, que je ne connaissais pas. J'ai beaucoup voyagé de par le monde, été appelée un peu partout, surtout pour m'occuper de l'enfance malheureuse, mais je n'ai jamais vu d'hommes et de femmes au cœur aussi grand, à l'âme aussi riche que dans les bidonvilles du Caire où j'ai vécu pendant vingt-deux ans.

Je ne connaissais pas les pauvres. Ils sont difficiles à connaître. Je les rencontrais à la porte des églises, dans nos œuvres humanitaires, je leur souriais, je leur tendais la main. Vivre nuit et jour dans une baraque, au milieu des rats, de la saleté, des cochons noirs, en mangeant des haricots tous les jours comme eux, cela n'est rien. Ce n'est pas cela qui a de la valeur, mais ce qui se trouve dans l'homme.

Là, j'ai rencontré l'homme, le fils et la fille de Dieu.

Pourquoi ? Parce que, comme le dit cette phrase que j'aime beaucoup de Jean Vanier, « le sacrement du pauvre est un sacrement très doux ». Jean Vanier parle de « sacrement » du pauvre, en tant que signe sensible de la présence de Dieu. Rien de plus. J'ai expérimenté le signe sensible de la présence de Dieu dans le peuple des pauvres, dans les derniers des hommes. Ce sont eux, ces voleurs, ces vendeurs de drogue et, parfois, ces assassins, qui m'ont enseigné l'Évangile. Mon Évangile de chrétienne, que j'avais lu et relu sur le papier, je l'ai lu et relu dans des cœurs vivants, dans des cœurs d'hommes et de femmes qui battent.

Qu'est-ce qu'ils m'ont appris ? Ils m'ont appris la chose la plus importante dans ma vie, en tant que religieuse. Ils m'ont enseigné la prière, même s'il n'y avait pas d'églises ni de prêtres parmi eux. Un prêtre ne risquait pas de se rendre au milieu de gens comme ça, voleurs et assassins.

Les églises, nous les avons construites ; maintenant, ils en ont une, ainsi qu'une mosquée. Nous les avons aidés à avoir églises et mosquées. Parce que, pour moi, le chrétien et le musulman sont frères. En réalité, je ne m'occupe pas de la religion, mais de l'homme.

On m'appelait quelquefois à des réunions de prière. Un soir, dans une baraque, sans lumière, par terre, sans sièges, ils ont prié. Le pauvre crie vers Dieu. C'est la parole du psaume : « Le cri du pauvre transperce les nuages. » Taki, qui avait une mauvaise réputation parmi les chiffonniers, et cela veut dire quelque chose, Taki s'est levé, la tête penchée, le dos courbé. Sa prière tenait en quatre mots : *Ya Rab !,* « Ô Seigneur ! », *ana khati*, « je suis un pécheur ». Et il l'a répétée.

« Ô Seigneur ! Je suis un pécheur ! »

Puis mon frère Taki s'est tourné vers le soleil levant, parce que c'est de là, selon la tradition, que le Christ viendra, de l'Orient. Il s'est tourné, il s'est levé et il n'avait plus le dos courbé. L'espérance illuminait son visage : « Ô Seigneur, prends pitié ! »

C'était tout. C'était extraordinaire. Pour moi, c'était plus beau que les plus belles cérémonies dans les plus belles cathédrales. C'était le cri du cœur du pauvre qui se sait misérable, qui se sait pécheur, qui sait qu'il a volé, qui sait qu'un jour il a donné des coups de couteau, et qu'il n'est rien devant Dieu. C'est la prière du pauvre.

Le publicain de l'Évangile est au fond du temple, il a le visage baissé et ne dit qu'une seule phrase : « Seigneur, aie pitié de moi, pécheur. » Et le Christ ajoute : « Celui-ci descendit chez lui justifié. »

Le pharisien dit au contraire : « Voilà Seigneur, je donne la dîme, je partage tout, je suis juste » ; il sort et son âme est noire.

Avec la prière du pauvre, j'ai appris à prier. Et combien de fois, aujourd'hui, je m'unis à la prière des hommes et des femmes du monde, de mes sœurs prostituées, de mes frères en prison, qui ont tué, qui ont volé, de mes frères sans abri, en France et partout, méprisés de tous.

Ô Seigneur, je suis une pécheresse comme eux ! Ce n'est pas vrai que je suis juste, c'est un mensonge. À leur place, sans éducation, dans un milieu de misère et de péché, je serais peut-être devenue pire qu'eux. Et s'ils avaient reçu une éducation privilégiée comme la mienne, ils auraient probablement fait cent fois mieux que moi. Ô Seigneur, prends pitié !

Mes frères chiffonniers m'ont enseigné la prière. Et ils m'ont appris le partage. Dans la baraque à côté de la mienne habitait une de mes sœurs musulmanes. Un jour, elle entra dans ma cabane. Je possédais l'unique paire de ciseaux que l'on pouvait trouver dans le bidonville. Je la laissai, je tournai le dos et les ciseaux disparurent. Rien à faire. Elle m'avait volé les ciseaux. Quelques jours plus tard, je rentrai à minuit. J'avais été appelée auprès d'un malade, pour une veillée de prière. Et je m'aperçus que je n'avais ni eau ni pain. Tout le monde dormait, mais je suis allée la trouver pour lui demander un peu d'eau. Elle m'a donné toute l'eau qui lui restait. Dans un bidonville, au mois d'août, l'eau vaut plus que de l'or. Elle m'a donné toute son eau et le seul pain qu'elle avait. Voilà ma sœur musulmane ! Voilà le partage. Un jour, elle a pris mes ciseaux en se disant : « Elle partira, elle en aura d'autres. » Mais le jour où je n'avais rien, elle m'a tout donné.

Je pourrais multiplier ces exemples à l'infini. Je n'en donnerai qu'un seul autre, car le temps passe. Il y avait un homme qui s'appelait Samir. Il était connu parce qu'il avait tué de nombreuses personnes. À cette époque, je ne faisais pas partie de la police, pas plus que maintenant, et cela ne me regardait pas. Combien de fois je me suis assise à côté de Samir pour boire un thé avec lui, partager le verre de l'amitié. Je parlais avec lui de ses cochons, des choses qu'il vendait, de ses enfants, etc. Samir était mon frère, je le respectais et l'aimais comme un frère. Pendant tout le temps où je suis restée dans le bidonville, pendant vingt-deux ans, Samir n'a tué personne. Pourquoi ? Simplement parce qu'il ne voulait pas décevoir mon amitié. Ces hommes, les plus méprisés de la terre, ont un grand sens du respect de l'amitié. Il était mon frère, je l'aimais comme un frère, donc il ne voulait rien faire de méchant à mes yeux.

Voilà mes frères chiffonniers.

Le plus extraordinaire de tout, c'est que, dans ce lieu dépourvu de tout, il y a une joie éclatante que je n'ai jamais trouvée nulle part ailleurs. Jamais. Je suis allée en Amérique du Nord, en Australie, au Sénégal…, jamais ! Jamais je n'ai trouvé une telle joie. Cette joie du cœur, de la solidarité, des chants. Les enfants n'ont rien mais ils courent dans les ruelles comme des rois. La pauvreté totale est une richesse incroyable. Et mes frères et sœurs chiffonniers m'ont fait passer de l'assistance – parce que j'étais allée là-bas pour les assister – de la supériorité, au partage. Je partageais avec eux tout ce que j'avais, mais je les assistais. Ils m'ont appris que le pauvre mérite d'être considéré comme un frère et une sœur, et que c'est avec lui, la main dans la main, non pas avec ma main, mais nos deux mains unies ensemble, que nous pouvons construire l'avenir. Nous avons vaincu le tétanos, une maladie terrible qui tuait quatre enfants sur dix ; nous avons construit des églises et des mosquées, des écoles et des lieux pour jouer au foot ou faire du scoutisme, où l'on vit une vie saine.

Ah, mes amis, la valeur des pauvres ! Pour tous ceux que j'aime et pour chacun de vous, je demande que vous puissiez avoir la grâce, qui est la plus grande sur la terre, de vivre quelque temps, sinon vingt-deux ans, au moins un an, ou un mois, au milieu des plus pauvres de votre ville. J'ai demandé au cardinal Lustiger : « Que font vos séminaristes pendant les vacances ? » Il m'a expliqué qu'ils participent à certaines œuvres, etc. Alors je lui ai répondu : « Envoyez-les dormir sous les ponts, avec les sans-abri, qui n'ont pas de travail. Qu'ils s'en aillent vivre un mois dans les bidonvilles. » Et j'ai ajouté : « Ils reviendront comme des prêtres au cœur ouvert aux pauvres, ils auront appris que la pauvreté est pour l'homme la plus grande école que l'on puisse avoir. »

IV

L'homme et la femme face à l'Éternel

Rencontre internationale Hommes et Religions
« Religions et cultures entre conflit et dialogue »
Intervention de Sœur Emmanuelle
Palerme, 3 septembre 2002

Je voudrais essayer de considérer avant tout que l'être humain ne fait que passer. Tout ce que l'être humain possède et réalise lui échappera un jour, à l'heure où il passera sous l'aile de la mort. Pascal disait : « Le temps nous glisse et fuit d'une fuite éternelle. » Tout glisse. Tu as quelque chose dans la main ? Cela ne durera pas longtemps. Tu as quelque chose dans l'intelligence ? Cela glissera et passera. Tu as amassé un certain compte en banque ? Jusqu'à quand ? Etc., etc.

Quelle consolation reste-t-il à l'homme ? Celle d'engendrer des enfants. Un fils, une fille, qui ne passeront pas, nous l'espérons, aussi rapidement que son père et sa mère. De toute façon, tout passe.

Irons-nous un jour dans le néant, comme dit Pascal, dans un trou creusé dans la terre avec un peu d'argile sur la tête et tout sera fini ? Non. Nous en arrivons, justement, à la notion d'éternité. L'homme a reçu de Dieu un don extraordinaire, merveilleux. Nous avons en nous, pauvres hommes, une chose extraordinaire : l'image de Dieu. Chacun de nous, qu'il soit homme ou femme, petit ou grand, mauvais ou bon, a en soi, au fond de soi, bien cachée, parfois invisible à cause du mal, mais impossible à arracher du cœur de l'homme, l'image de Dieu. C'est Dieu lui-même qui l'a placée en chaque être humain. Et voilà, nous entrons maintenant dans l'éternité.

Vous voyez, c'est quelque chose d'extraordinaire, nous n'y pensons peut-être pas suffisamment, mais il y a en moi, à l'intérieur, et pas au-dehors, une source d'éternité. Pourquoi courir du matin au soir derrière tout ce qui passe, une situation extraordinaire, une voiture, une seconde maison, etc. ? Courir. Tout s'enfuit, et finira un jour. Mais dans ton cœur, dans la partie la plus personnelle et la plus délicieuse, tu as une source. Une source vivante d'éternité. Dans le christianisme, nous avons une vision des choses extraordinaire. Dieu, l'éternel, a voulu entrer dans l'humanité, être un homme, avec ses joies et ses peines, ses douleurs, ses succès et ses échecs. L'échec le plus grand s'est terminé par la croix, qui était à l'époque la mort réservée aux esclaves. Attention !, nous le croyons, à travers cette aventure humaine extraordinaire de mort tout passe et s'enfuit. Une résurrection. Et voici l'homme. Nous voilà ici. Chacun de nous possède ce don incroyable de ne pas mourir pour l'éternité. Que nous soyons juifs, chrétiens ou musulmans, nous croyons à la résurrection de la chair et à la vie éternelle.

L'homme et la femme devant l'éternité. C'est quelque chose d'extraordinaire. Le rabbin Sirat nous a présenté une page excellente sur le rapport d'amour entre l'homme et la femme, mais il y a un « mais ». Monsieur le rabbin, je ne suis pas totalement d'accord avec ce que vous avez dit : l'homme et la femme qui ne sont pas mariés sont tristes. Excusez-moi, monsieur le rabbin chef, mais je suis la femme la plus heureuse du monde.

C'est vrai. La citation de monsieur le rabbin est très importante et profonde. Comment pouvons-nous être si heureux et comblés dans le célibat ? Il existe différents types de célibat. Nous n'avons parlé que du célibat stérile fermé sur soi, sans ouverture et sans universalité. Mais il existe un autre célibat, qui permet que certains hommes et certaines femmes ressentent un appel dans leur propre cœur. C'est une vocation et, évidemment, ce n'est pas une vocation naturelle. J'en ai l'expérience. Quand on choisit librement, jeune quelquefois, de garder le célibat, si on le fait pour réaliser une œuvre plus grande que celle de fonder une famille, pour vouloir se consacrer, comme Charles de Foucauld, le frère universel, alors le célibat peut donner au cœur de l'homme et de la femme quelque chose de plus éternel ; parce que, par vocation, nous essayons de ne pas nous attacher à tout ce qui passe dans une fuite éternelle, mais de nous agripper à l'essentiel, qui est la relation d'amour avec l'éternité, une relation d'amour avec les frères et sœurs, et surtout, pour moi, avec les enfants. De cette façon, je n'ai pas connu la joie de la maternité biologique, mais je peux vous dire qu'aujourd'hui, je suis un peu la mère d'environ cinquante mille enfants, qu'avec mon association nous essayons de nourrir chaque jour.

Quand ma sœur me dit, avec fierté : « Je suis mère, grand-mère, arrière-grand-mère de cinquante enfants », je dis : « et moi de cinquante mille », et nous rions. Le problème, évidemment, n'est pas le nombre. Le problème est que chacun, où qu'il se trouve, vive sa propre vocation. Quand quelqu'un vit sa propre vocation, il est heureux. Dans le monde, nous sommes des millions d'hommes et de femmes qui avons choisi un célibat consacré. Je conclurai maintenant en disant que le problème, pour devenir éternel, est toujours une alliance d'amour. Il faut vraiment remercier Dieu. Je voudrais enfin rappeler une femme qui était mourante, avec son mari aux pieds de son lit. Le couple était uni depuis soixante-cinq ans. Le regard de cette femme vers son mari disait : « Je ne peux plus parler. Je pars et je t'aime. Et l'amour est plus fort que la mort. » La possibilité d'éterniser l'amour. C'est quelque chose de merveilleux.

Je voudrais enfin proposer quelque chose de très pragmatique. Nous sommes ici, invités par la Communauté de Sant'Egidio, pour chercher tout ce qui nous unit, à travers, malheureusement, ce qui nous sépare.

Il me semble que nous pourrions peut-être – et c'est une suggestion que je me permets de faire aux dirigeants, aux hommes politiques et surtout aux hommes de religion – réunir un comité international auprès des Nations unies qui cherche la paix entre les religions. De ces réunions promues par la Communauté de Sant'Egidio pourrait sortir quelque chose pour les chefs religieux, une déclaration afin d'être unis dans la lutte avec l'ONU, pour qu'il y ait moins de divisions entre les religions et qu'elles mettent toute leur beauté, leur force à s'allier dans l'amour.

L'héritage de Sœur Emmanuelle

Asmae

Les textes qui suivent
sont fournis par l'association Asmae.

Asmae-Association Soeur Emmanuelle est une association de solidarité internationale indépendante et laïque dont la mission est de favoriser le développement des enfants des milieux les plus défavorisés. Pour ce faire, elle travaille en partenariat avec des associations locales dans les pays en voie de développement, ou en France directement avec un public en difficulté, dans un esprit de réciprocité, pour les accompagner vers une complète autonomie. Elle est présente dans neuf pays : Burkina Faso, Égypte, France, Inde, Liban, Madagascar, Mali, Philippines, Soudan.

www.asmae.fr

I

Projet Égypte

Offrir l'accès à l'école et aux soins
aux enfants de deux à six ans,
notamment ceux en situation de handicap.

Dans les quartiers informels du Caire, le projet Égypte d'Asmae a pour objectif de permettre aux enfants des familles les plus pauvres d'aller à l'école et d'accéder à une meilleure qualité de vie.

En Égypte, les enfants de moins de quatorze ans représentent 32 % de la population. Leur situation sanitaire a connu une nette amélioration mais la scolarisation reste faible et inégalitaire. Beaucoup souffrent encore de malnutrition chronique et d'anémie. On compte près de 675 000 enfants de moins de quinze ans touchés par un handicap dont les besoins sont très mal couverts. Malgré les efforts des pouvoirs publics, la maltraitance et le travail précoce sont largement répandus. La pauvreté touche des milliers d'enfants qui vivent dans la rue.

Environ un tiers des jeunes âgés de dix à vingt-neuf ans issus des ménages les plus pauvres n'ont jamais fréquenté l'école et 24 % ont abandonné leur scolarité avant la fin du cycle primaire. Les écoles maternelles sont rares et l'on compte souvent entre soixante-dix et quatre-vingts enfants par classe.

Dans la zone informelle du Grand Caire, appelée El Marg et qui regroupe plus d'un million et demi de personnes, 42 % des enfants ne savent ni lire ni écrire. On y compte quatre-vingt-deux banlieues non planifiées qui ne cessent de s'étendre. Dans ces quartiers, la grande majorité des enfants reste à la maison avant d'atteindre l'âge de l'école primaire. Comment contribuer à la liberté de pensée, à la démocratie et à l'émancipation des citoyens dans ces conditions ?

Un diagnostic préalable au projet faisait état d'un manque d'engagement des pouvoirs publics locaux, avec les conséquences imaginables sur les infrastructures de santé et d'éducation : absence de système de santé accessible et adapté, difficulté d'accès à la scolarité pour les enfants, et plus particulièrement les filles et les enfants handicapés, fort taux de chômage, précarité des familles, absence d'eau potable et d'électricité, absence de drainage des eaux usées et de ramassage des ordures, favorisant le développement des épidémies et des maladies liées aux conditions d'hygiène.

L'appui d'ONG telles qu'Asmae est absolument nécessaire pour y développer des conditions de vie et d'éducation dignes de ce nom. Suivant un principe clé de Sœur Emmanuelle, Asmae travaille main dans la main au niveau local avec l'Association égyptienne de développement global (AEDG) depuis 1996. Malgré les succès notables de ce projet, notamment l'ouverture d'un centre de santé touchant près de 20 000 personnes, la petite enfance et l'enfance handicapée restent particulièrement laissées pour compte. Depuis la création du partenariat, l'AEDG a créé trois écoles maternelles qui accueillent notamment des enfants en situation de handicap.

Offrir l'accès à l'école et aux soins

Le projet prévoit l'accès en maternelle de trois cent quarante enfants, avec une augmentation du nombre d'enfants handicapés et une montée en compétence du personnel éducatif local. Il aura des impacts économiques, notamment de réduction de la pauvreté et des discriminations dont souffrent les filles et les enfants handicapés. Il pose des objectifs très concrets : parvenir à 60 % des enfants sachant lire et écrire, et former les quatorze nouvelles monitrices à la prise en charge adaptée d'enfants handicapés. Par ailleurs, les enfants malades fréquentant ces écoles maternelles auront systématiquement accès à des analyses de sang ou d'urine gratuites chaque année.

Déployer les bonnes pratiques dans d'autres quartiers informels

Grâce au soutien d'Asmae, les professionnels de l'AEDG vont former d'autres écoles maternelles aux méthodes innovantes développées. Cinq jardins d'enfants de la zone seront ainsi formés.

Encourager les pouvoirs publics à s'engager pour la petite enfance

Ces pratiques innovantes seront portées à la connaissance du ministère concerné. L'AEDG mènera une action de plaidoyer en faveur de la reconnaissance des besoins spécifiques du petit enfant, du développement de méthodes adaptées à la petite enfance. Cinq cents enfants de deux à six ans bénéficieront directement du projet, ainsi que trois cent cinquante mamans et trente professionnels de la petite enfance et du travail social. Le travail de sensibilisation sur le rôle de l'école auprès de mille sept cents parents bénéficiera à plus long terme aux deux mille deux cent cinquante familles du quartier.

Un principe clé pour Sœur Emmanuelle : travailler main dans la main avec les associations locales

Dans le contexte politique actuel, il est plus que jamais nécessaire de renforcer les capacités des populations à revendiquer leurs droits auprès des décideurs politiques, administratifs et communautaires, en s'appuyant sur le respect des droits humains universels.

II

Projet France

Programme Divers-Cité dans les quartiers populaires : croire en la capacité de chacun à être une force vive.

À son retour d'Égypte, Sœur Emmanuelle reçoit un véritable choc en constatant la précarité et la grande détresse morale à laquelle sont confrontés nombre de Français. Elle décide d'appliquer en France un principe essentiel d'Asmae dans les pays du Sud : faire émerger des solutions locales, en faisant confiance aux habitants.

Depuis de nombreuses années, le développement de la précarité et des inégalités sociales, ainsi que le désenchantement des acteurs institutionnels locaux aggravent l'isolement des quartiers populaires, lourdement stigmatisés. 21 % des foyers y perçoivent de bas revenus avec un taux de chômage de plus de 16 %. Près d'un habitant sur quatre y est âgé de moins de vingt ans et près de 40 % des moins de vingt-quatre ans se retrouvent sans diplôme. Plus que jamais, les enfants issus de ces quartiers doivent être considérés comme un enjeu majeur pour notre société.

Depuis 2001, Asmae soutient la création d'actions positives portées par les habitants des quartiers populaires pour améliorer leurs conditions de vie et celles de leurs enfants. En s'appuyant sur les ressources et les compétences des habitants, l'association permet à ces derniers de construire par eux-mêmes les réponses aux problèmes qu'ils rencontrent : pacifier les relations entre les communautés culturelles ou entre les générations, rompre l'isolement des quartiers, apaiser et enrichir les relations entre les habitants, lutter contre l'échec scolaire, favoriser l'accès à l'emploi, etc. C'est ainsi que de nombreuses activités voient le jour : soutien scolaire, cours d'alphabétisation, groupes de parole, fêtes de quartier, sorties culturelles, etc.

Les résultats sont tangibles. Asmae intervient dans six quartiers d'Île-de-France auprès de mille six cents habitants dont trois cents enfants. Les bailleurs sociaux et les collectivités locales qui font appel à Asmae reconnaissent très largement l'efficacité du travail réalisé avec les habitants.

> Témoignage d'Adji Ahoudian, adjoint Jeunesse à la mairie du XIXe arrondissement de Paris, en juin 2008, suite à une série d'affrontements entre des jeunes :
> « Je suis convaincu que seul, le politique ne peut pas trouver les solutions adaptées aux problèmes

> rencontrés, et c'est pourquoi je soutiens pleinement les initiatives qui émergent de la volonté des habitants. Selon moi, la force de Divers-Cité réside d'une part dans sa capacité à faire émerger de nouveaux leaders associatifs au sein des habitants d'un quartier, et d'autre part dans son aptitude à accompagner un projet associatif porté par les habitants. »

Asmae favorise la réussite scolaire des enfants, notamment en impliquant les parents et en valorisant les compétences collectives du quartier. Les parents se rencontrent autour de problématiques communes, créent des liens, rompent l'isolement et exercent un contrôle social positif sur le quartier. Par l'action, les habitants des quartiers populaires reprennent confiance en eux et deviennent des acteurs positifs de changement pour leur avenir et celui de leurs enfants. Face au succès de ses interventions, Asmae s'investit pour la reconnaissance et la diffusion des méthodes d'action collective émanant d'habitants d'un même quartier.

III

Repères

Sœur Emmanuelle et Asmae
L'Égypte et la révolution de 2011

Il y a quarante ans, en 1971, Sœur Emmanuelle s'installait avec les chiffonniers du Caire. Pendant vingt ans, elle partagea leurs conditions de vie accablantes. Sa foi en l'homme et ses convictions se manifestèrent alors dans un extraordinaire acharnement à combattre les maladies et à éduquer, pour sauver ces enfants et leur ouvrir un avenir.

En 1980, le Centre Salam sort enfin de terre à Ezbet-El-Nakhl avec une école, un dispensaire, un centre social et un jardin d'enfants. C'est une immense victoire mais, pour Sœur Emmanuelle, le combat ne fait que commencer: d'autres enfants attendent, au Soudan, au Liban, aux Philippines… *Yalla !*

Rapidement, elle cherche des fonds. Il faut reproduire ce que l'expérience avec les chiffonniers lui a fait découvrir: un modèle de développement mené main dans la main avec les associations locales, les enfants et les parents. Touchés par son témoignage et son action auprès des plus pauvres, des amis veulent aider. Ainsi naît, en 1980, Asmae, l'association de Sœur Emmanuelle.

Le combat de Sœur Emmanuelle a changé la vie de milliers d'enfants. En vingt-deux années de présence en Égypte, elle a contribué à augmenter le taux de scolarisation, notamment celui des filles. Elle leur a permis de se frayer une voie vers plus de liberté et a rapproché les communautés musulmanes et chrétiennes.

Parce que l'Égypte est le berceau d'Asmae, nous sommes fermement engagés pour l'avenir les enfants de ce pays. Avec Sœur Emmanuelle, nous en sommes convaincus : l'avenir de l'Égypte se construira avec tous ses enfants, y compris les plus démunis. Les événements égyptiens de 2011 ont ranimé les espoirs des jeunes en l'avenir de leur pays. Place Tahrir, le peuple égyptien s'est battu pour obtenir ses droits : droit d'élire ses représentants et d'influer sur les choix politiques, droit à une vie décente (salaire minimum), droit à une éducation de qualité, etc.

Depuis, de nombreux partenaires nous ont dit leur désir de s'investir pleinement dans le processus de démocratisation. Cela passe aujourd'hui par deux priorités sur le terrain :

– l'accès à une éducation de qualité pour les enfants les plus défavorisés, sans considération religieuse ni politique, comme à l'école Mahaba, tenue par les religieuses coptes des Filles de Marie. Par vos dons, vous soutiendrez la prévention de la déscolarisation, l'accueil scolaire des enfants handicapés et l'éveil des « petits d'Hommes », comme le disait Sœur Emmanuelle ;

– la nécessité de soutenir un nouveau départ pour le peuple égyptien. Cet objectif a remplacé l'urgence sanitaire et sociale des années 1970 et 1980. En effet, le souffle révolutionnaire actuel, qui réveille espoirs et craintes, légitime plus que jamais l'engagement laïc et apolitique d'Asmae en faveur de l'intérêt supérieur des enfants de toutes les communautés.

Retrouvez sur www.asmae.fr *les témoignages des enfants de l'école Mahaba au Caire (projet soutenu par Asmae), qui parlent de leurs rêves et de la révolution des adultes.*

Table

L'héritage de Sœur Emmanuelle – Asmae

Dépôt légal : mai 2013
IMPRIMÉ EN FRANCE

Achevé d'imprimer le 26 avril 2013
sur les presses de l'imprimerie « La Source d'Or »
63039 Clermont-Ferrand
Imprimeur n° 16350

PEFC/10-31-2008

Dans le cadre de sa politique de développement durable, La Source d'Or a été référencée IMPRIM'VERT® par son organisme consulaire de tutelle.
Cet ouvrage est imprimé - pour l'intérieur - sur papier offset "Amber Graphic" 80 g provenant de la gestion durable des forêts, des papeteries Arctic Paper dont les usines ont obtenu les certifications environnementales ISO 14001 et E.M.A.S.

Composition et mise en pages réalisées par
Compo 66 – Perpignan
802/2013